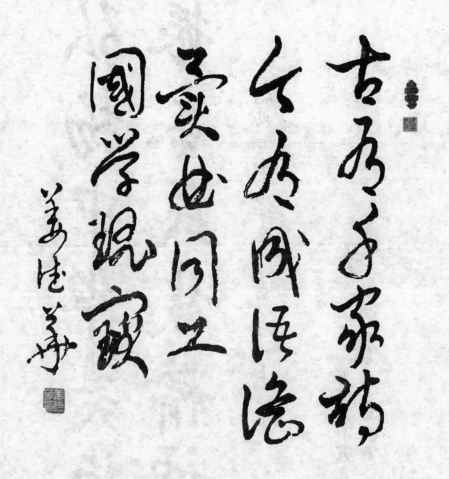

古为今家猜
久废咸语治
爱世同工
国学觊觎

姜德华：著名诗人、中国文缘出版社社长兼总编

弘扬中华美德

振奋民族精神

贺「中华成语谣」出版

何火任 手北京 龙年五月

何火任：中国社会科学院文学研究所研究员，中国
毛泽东诗词研究会特聘顾问

中华美德成语谣

曾青 曾瀚 编著

蒲忠明 插图

金盾出版社

作者独具匠心,在浩如烟海的成语中遴选出近千个中华美德成语,又按每个成语的意思、韵律编成144首歌谣,每首歌谣既表达一种思想,又包含几个成语典故故事,既可作为传承中华美德文化的经典故事育人,又可诵读咏唱。全书分为"立志、立德、立功"3个总篇和"仁、义、礼、智、信"五个分篇,诠释"仁、义、礼、智、信"的主题。本书意在使中华儿女用更高的道德标准来塑造自己,成为爱国、爱民、爱家的华夏好儿女,成为国家栋梁。

图书在版编目(CIP)数据

中华美德成语谣/曾 青,曾 瀚编著.-- 北京 : 金盾出版社,2013.3
ISBN 978-7-5082-8047-9

Ⅰ.①中… Ⅱ.①曾…②曾… Ⅲ.①汉语—成语—汇编 Ⅳ.①H136.3

中国版本图书馆 CIP 数据核字(2012)第 305344 号

金盾出版社出版、总发行
北京太平路 5 号(地铁万寿路站往南)
邮政编码:100036 电话:68214039 83219215
传真:68276683 网址:www.jdcbs.cn
封面印刷:北京精美彩色印刷有限公司
正文印刷:北京万友印刷有限公司
装订:北京万友印刷有限公司
各地新华书店经销
开本:705×1000 1/16 印张:10.625 字数:202 千字
2013 年 3 月第 1 版第 1 次印刷
印数:1~8 000 册 定价:23.00 元
(凡购买金盾出版社的图书,如有缺页、
倒页、脱页者,本社发行部负责调换)

序

——穿越时空的音符

张脉峰

曾先生是我的一位诗友，一位温文儒雅的长者。今年春天我在庐山诗词采风活动期间，又有缘与他相聚，他拿出自己新编著的一部书稿给我看，《中华美德成语谣》——我不禁被书名所吸引，翻看起来。成语，多么熟悉，美德，又多么亲切！仿佛又回到孩提时代，那美好的学习与童真的日子中去了……

将成语归类，八句一组，编成美德歌谣，弘扬中华美德，易于传唱。并配有150多幅卡通形象的插图，把一个个美德成语故事，演绎得生动传神、呼之欲出。我从事诗词工作十几年，还是第一次见到这种歌谣形式的成语组合，看着这些，我有些爱不释手了，曾先生又嘱我作序，我不揣冒昧，应承下来。

以歌谣的形式叙述美德成语或典故，通俗易懂，意境深远，对于促进青少年以及广大读者学习和运用中国成语，传承中华美德，大有裨益。把成语写成美德民谣，易于传唱和在青少年中传播，再配以精美的卡通插图——既现代、又古雅，美德成语是几千年文明的凝聚，卡通画又是极其现代的表现形式，二者结合，一定会为众多读者所接受，可以说是寓教于乐。

书中编入了300多个典故，将近千个成语韵律和谐地连缀成144首歌谣，希望人们读了之后，还乐意诵记传唱，真正成为"歌谣"。——别出心裁。我不禁惊异于编者独到的创意，之前恐怕还没有人这样做过吧？

美德成语大都来自古籍文献，在语言表达中有生动简洁、形象鲜明的作用。这些成语蕴含着极其丰富的精神内涵，简短精辟，易记易用。如"自强不息"、"厚德载物"等，朴实无华，经久传唱，可以说是对中华美德民族精神的经典概括，对后世有着深远的教育作用。作者匠心独具，在浩如烟海的成语中提炼、整理。归类为"立志、立德、立功"总篇和"仁、义、礼、智、信"五个分篇。经过梳理以后的成语"各就各位"，精心选择的成语典故，共同为我们诠释着这样的主题——"仁、义、礼、智、信"在当今社会并未过时，"立志、立德、立功"也应该是对人的基本要求。不是吗？唯有如此，才会以更高的道德标准来约束和塑造自己，才会成为爱国、爱民、爱家的华夏好儿女，成为国之栋梁。

在物质文明高度发达的今天，社会不能缺少美德，人们更离不开美德。美德成语典故是国学之精华，是中华民族的宝贵精神财富，是专属于我们中华民族的、独特的文化，只有炎黄子孙才能深切地体会它的"味道"，我们要珍惜它、传承它，让前人的智慧指引我们今天的行为。

正如作者所言"人类社会不管怎样发展变化，人与人关系的基本准则总是以和谐为要旨。和谐是人类社会的主题曲，道德教化的最终目的是为了营造人们之间的和谐关系和社会的和谐秩序。"《中华美德成语谣》在宣扬传统道德、加强道德修养方面做了有益的尝试，相信本书会为更多的读者（尤其是青少年朋友）所喜闻乐见。作者完成的这一项意义重大、纷繁复杂的工程，以一种生动细腻的方式，力图揭示少年时期的志向与修炼对于整个人生的影响，让典故中的人物及其思想情感和今天的读者更加亲近，从而达到潜移默化的作用。

优良传统需要传承，中华成语只是其中的一个载体。《中华美德成语谣》或许只是其中的一片小小绿叶，就让年轻的心，乘着这一叶"扁舟"，荡漾在这一池清澈的碧水中，轻轻地承载起一个绿色的希望，让思想走得更远些。

张脉峰先生：中华诗词学会、中国毛泽东诗词研究会理事，《诗词之友》杂志执行主编。

前　言

　　成语典故是国学宝库中最形象、最典型、覆盖面最广、使用率最高的精华部分，堪称"国粹"。当你见到"闻鸡起舞"四个字，脑海就立即浮现出刘琨、祖逖自励自强、凌晨舞剑的画面，当你听到"余音绕梁"四个字，耳际就似乎响起了韩娥鬻歌缠绵不息的余音。一提起"小康大同"，儒家的政治理想就会跃然眼前；一说到"见利思义"，古圣先贤的义利观就片语以蔽。从春秋战国时代诸子百家学术争鸣，到大唐两宋时代文坛诗圃百花齐放，数以万计的成语典故，如日出朝霞绚丽夺目，如雨后春笋争相破土。儒法道释，哪家精华没有吸取？经史子集，哪部经典没有融入？不论是大家华章，还是百姓俚语，也无论是挥毫而就，还是脱口而出，谁没有援引它让自己的见解入木三分，谁没有运用它来使自己的话语增辉添色？说话作文，次次引经据典不一定能做到，也不必去做到，但完全不运用成语典故，似乎做不到。可以说，没有成语典故的世界，言语该是多么平淡空乏，思想会是多么贫困僵硬。我们的中华文化，正因为有数以万计丰富多彩的成语典故，才愈加星光灿烂，才愈加令人自豪！

　　能否将这丰富多彩的成语典故，编写成可诵可唱的歌谣，既浓缩浩瀚国学的精华，又让人们尤其是少年朋友乐于诵唱？看来，这是一项意义重大而又纷繁复杂的工程。首先，通览各类成语典故的辞书，将三四万条成语典故按义类编辑入档。在分类归档的过程中，通观这些成语典故的内容，属于传统道德方面的竟占了近90%，其中典故又占了30%以上。这个90%告诉我们，《中华美德成语谣》的基本内容自然是宣扬传统美德；这个30%则告诉我们，每一首成语谣的写作方式必然是从典故引入；而且，由于本书的读者对象主要是少年朋友，选择典故时应尽可能地把注意力投向人物的少年时代，或注意揭示少年时期的志向与修炼对于整个人生的影响，让典故中的人与思想情感同读者更加亲近,从而更容易收到潜移默化的作用。书中编入了300多个典故,将近千个成语韵律和谐地连缀成144首歌谣,如果真能让人们读了还乐意诵记传唱,这本歌谣就有可能像当年的《龙文鞭影》一样,发挥出他的鞭影之效了。

全书共六篇,关于立志、立德、立功的立篇为总篇,仁、义、礼、智、信各篇为分篇。中华传统道德的内容分来划去,跳不出仁义礼智信这"五常"的圈子,现代道德内容虽然增加了许多时代元素,但基本内容还是可以用仁义礼智信来包容。人类社会不管怎样发展变化,人与人关系的基本准则总是以和谐为要旨。正好,"仁"从整体的高度阐述了和谐的要旨,"义"从内涵的底层揭示了和谐的实质,"礼"精心制定了和谐的表现形式,"智"注入了提升和谐层级的活力,"信"为牢固而永久的和谐提供了保障。历史上的正义战争都是为了和平,今天的依法治国更是为了保障社会的安定,古往今来的抑恶扬善、除暴安良,为的就是让无数善良的人们安居乐业,一句话,和谐是人类社会的主题曲,一切道德修养、道德教化,最终目的都是为了营造人们之间的和谐关系和社会的和谐秩序。本书仍以仁、义、礼、智、信分篇,就是对于传统与当代道德内容的衔接做出的一种尝试,欢迎专家赐教,也欢迎同行来共同探讨。

本书写成后,呈给几位诗人审阅,他们觉得以歌谣形式将成语典故编出来甚至诵唱出来,颇为新颖,因而兴致骤发,社科院文学研究所研究员、中国毛泽东诗词研究会特聘顾问何火任先生和著名诗人、中国文缘出版社社长姜德华先生分别泼墨题词,中华诗词学会理事、《诗词之友》杂志执行主编张脉峰先生著文作序,得到他们的肯定和鼓励,倍感荣幸之至,借此出版之际,特向几位先生致谢。

编　者

目录

一、立篇

二、仁 篇

三、义 篇

四、礼 篇

五、智 篇

六、信 篇

中华美德成语谣

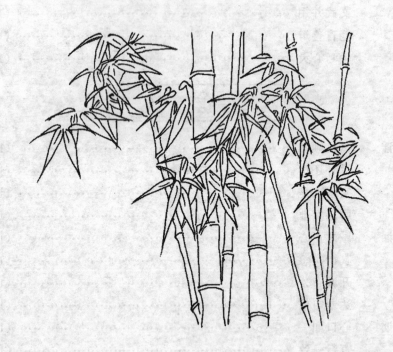

一、立　篇

　　人生百年，精彩无限。人们常常思考，百年人生应有怎样的价值，该有多大的价值。有商汤周武治国平天下的价值，有孔丘孟轲立言教化的价值，有岳飞文天祥抗敌殉国的价值，有杜诗韩笔、颜筋柳骨超伦绝类的价值，一句话，一个时代，一个行业，都有不同的价值范围，也都可以创造出价值连城的极限。

　　立功是美好的，因为它实现了人的价值。但要立功，首先要立志、立德。立志、立德像十月怀胎，立功就是一朝分娩。立志、立德是漫长的事，一时有志、一时有德当然可贵，始终有志、始终有德，甚至始终有必得之志、始终有洁身之德，才更加可贵。

　　立志、立德应该同时进行。只有立德，所立之志才能超出狭小的圈子，那种一时兴趣所发或私利所诱而生之志，都是短暂的，某种兴趣改变了，志向也就随之改变；某种私利获得了，志向也就终止。一句话，没有从德的高度去认识，去驾驭，志气只是一种激情而已。不少人少年时志向宏大，青年时就志趣萎靡，壮年后甚至心灰意冷，就是因为所立之志缺乏德的内涵。只有以德为支撑，其志才必然远大，必然坚定，也必能实现。

　　生活在今天这个时代，绝大多数人物质生活并不贫困，这当然是好事，但也很容易堕入安于享受、不思进取的泥潭。因此，发愤图强的精神，寸阴尺璧的理念，竞相争长的心态，就格外显得不可或缺了。远大的志向若没有这些精神、理念、心态，是不可能持久的，陷入志趣萎靡甚至心灰意冷，只是迟早的事。反之，始终保持这种饱满的精神、前沿的理念、积极向上的心态，何愁不能实现远大的志向？

立德是比立志艰难得多的事。之所以说他艰难得多，一是因为要同随时随地都可能冒出来的私欲作坚持不懈的斗争，而且往往在独处的环境中还要依靠自我警戒、自我修炼；二是因为要同难以避免的错误作不断的斗争，而且要经历痛思、痛砭、忍痛前行的痛苦过程。

如果立志宏远，又常常激励、磨砺，如果立德高尚，又常常修炼、陶冶，在与种种私欲、次次错误的拼斗中一步步成熟起来，立功就有了前提，有了基础，就指日可待。一个人能否具有乘风破浪之志、素魄冰魂之德，不仅关系到将来能否立有斗重山齐之功，更重要的还是关系到我们的整个民族能否不断强盛、永远强盛，关系到古圣先贤"小康大同"的宏大理想能否早日实现、完全实现。一个成功者，不仅要有宏远的志向与高尚的道德，还应有改天换地、济世安邦的能力与独当一面、迎风劈浪的魄力，这样才能一日千里、扶摇直上，在为祖国为人民立功的舞台上大显身手。

有志之士

春服舞雩，

小康大同；

世外桃源，

欣欣向荣。

有志之士，

纵横驰骋；

追风逐电，

万里鹏程。

欣欣向荣

 探源释义

春服舞雩　比喻志向高远不俗。春秋时期鲁国人曾点，是孔子的学生。一次孔子让子路、曾点、冉有、公西华谈谈个人的志向，子路、冉有、公西华的观点，孔子都不怎么满意，曾点则说："暮春时节，穿上春服，我邀一群人去沂河洗洗澡，在舞雩(yú)台上吹吹风，一路唱着歌回来。"孔子听了十分赞赏。

小康大同　孔子认为，以礼义治理天下，大家都自觉遵守，就是小康。道不拾遗，人尽其能，大公无私，各取所需，就是大同。这是儒家所追求的理想社会。今天"小康"指国家富强、人民富裕，"大同"指人人平等自由。

世外桃源　比喻幻想中的美好世界。东晋著名诗人陶渊明《桃花源记》中描写了一处与世隔绝的地方的景物风情，后世称为"世外桃源"。

欣欣向荣　植物生长茂盛，比喻精神奋发昂扬或事业兴旺发达。陶渊明《归去来兮辞》中有"木欣欣以向荣，泉涓涓而始流"的句子，赞叹树木生机勃勃，泉水长流不息，万物正得其时，表达了诗人对理想社会的无限向往。

志在四方

乘风破浪

宗悫立愿，
乘风破浪；
陈涉唱垄，
鸿鹄高翔。
叱诧风云，
志在四方；
揽月九天，
捉鳖五洋。

探源释义

宗悫立愿，乘风破浪 南朝宋人宗悫（què），从小就有远大抱负，哥哥结婚那天，盗贼潜入家中，他与盗贼打斗，逼使盗贼仓皇逃跑。当时叔叔很赞赏他，问长大后做什么，宗悫答道："愿乘长风破万里浪！"后来宗悫果然当上了振武将军。乘风破浪：趁着风势，劈开浪头。比喻不畏艰险，奋勇前进。

陈涉唱垄，鸿鹄高翔 秦朝阳城人陈胜，字涉，年轻时有大志。一次干活时，他在田垄上对雇工们说："以后谁富贵了，可千万不要忘记大家啊！"雇工们认为贫贱的种田人哪里来的富贵，陈胜叹息说："唉，燕子、麻雀怎么能够知道天鹅的远大志向呢？"后来，陈胜成了农民起义的领袖。垄：田埂。鸿鹄（hú）高翔：像天鹅那样飞得又高又远。比喻志向远大。鸿鹄：天鹅。

志在四方 鲁国子高到赵国游览，与赵国平原君的门客邹文、季节交上朋友，分别时，邹文、季节送了很远，还哭得泪流满面，子高说："真没出息，人应当有四方之志，怎么能像鹿和猪那样，老聚在一个小圈子里呢！"

揽月九天，捉鳖五洋 到天上摘下月亮，到海里捉来鳖鱼。形容气魄宏大。

立志谣

有志竟成

刘琨自励，
枕戈待旦；
祖逖自强，
先我着鞭。
闻鸡起舞，
千锤百炼；
有志竟成，
人强胜天。

闻鸡起舞

探源释义

刘琨自励，枕戈待旦　西晋刘琨，少年时就立志为国效力，结识祖逖后两人志同道合。当时北方少数民族南侵，战事日趋激烈，刘琨夜晚将戈放在枕下，直到天亮。后来他当了大将军，实现了报国的志愿。枕戈待旦：形容一刻也不放松警惕。戈：古代一种长柄横刃的兵器。

祖逖自强，先我着鞭　祖逖少年时不爱读书，后来才发起愤来，学问大有长进。授予军职后，刘琨羡慕不已，激动地说："吾枕戈待旦，志枭逆虏，常恐祖生先吾着鞭。"祖逖北伐剿寇，为晋室收复了黄河以南地区。先我着鞭：也作"先吾着鞭"，比喻比人先走一步或先占一招。

闻鸡起舞　听到鸡鸣就起来舞剑。形容志士发奋有为。祖逖、刘琨在一起的时候，常常晚上鸡鸣时起床练剑，立志报国。

有志竟成　即"有志者事竟成"，有志气肯努力的人，做任何事情都能成功。东汉建威大将军耿弇(yán)曾屡立战功，光武帝刘秀赞扬他："有志者事竟成。"

立志谣

众志成城

同德同心

武王伐纣，
同德同心；
景王铸钟，
失信于民。
众志成城，
众口铄金；
载舟覆舟，
祸福惟人。

探源释义

武王伐纣，同德同心　西周第一位国君姬发，庙号"武王"。商朝末年，他继承父亲文王遗志，出征讨伐暴君纣王，号召军队说："纣王荒淫无道，军队离心离德，我们正义之师为百姓讨伐他们，应该同心同德！"武王终于打败了商朝军队，建立了周朝。同德同心：即"同心同德"，人们思想理念和理想一致。

景王铸钟　东周时，景王打算铸造一口特大的铜钟，以满足自己对音乐的享受，但遭到大臣们的反对。景王不顾这些，一年以后铸成了两口大钟，命乐师敲击。乐师官州鸠说："为了造这钟，百姓怨声载道。办任何事情，百姓赞成就一定成功，百姓反对就一定失败，这叫做'众志成城，众口铄金'啊！"

众志成城，众口铄金　众人团结一心的力量，就像坚固的城墙不可摧毁；众人言论的力量，就是金属也可以销熔。

载舟覆舟　即"水可载舟，水可覆舟"。水能浮托船只，也能使船翻沉。比喻取得民心的重要。

励志谣

发愤图强

勾践灭吴，

卧薪尝胆；

谢安返政，

再起东山。

竖起脊梁，

挺起腰板；

发愤图强，

立地顶天。

卧薪尝胆

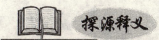 探源释义

勾践灭吴，卧薪尝胆 春秋末越国国君勾践，吴越结怨时被吴军打败俘虏，自己被迫为奴，越国也做了吴国的属国。三年后勾践回国，立志复仇雪耻，晚上睡在柴草上，品尝着苦胆的味道，并使贤任能，发展生产，训练军队，经过十年生聚教训，终于兵精粮足，国力转弱为强，趁吴国四出攻伐、国力空虚之机，发兵灭掉吴国。卧薪尝胆：比喻刻苦自励。薪：柴草。

谢安返政，再起东山 东晋政治家谢安，少年时聪明好学，青年时不愿做官，曾辞官隐居东山。40岁时，晋明帝女婿桓温请谢安做司马，才答应出山。孝武帝时位至宰相，淝水之战中他派弟谢石、侄谢玄、子谢琰挂帅出师，大胜前秦军队，又乘胜发兵北伐，收复了黄河内外大片土地。再起东山：又作"东山再起"，原指隐退后复出任职。后指失败后重新兴起。

竖起脊梁 比喻振奋自立，有骨气。

励志谣

寸阴尺璧

间不容发

夏禹爱时，
寸阴是惜；
宗仪辍耕，
寸阴尺璧。
间不容发，
时不可失；
光阴似箭，
只争朝夕。

探源释义

夏禹爱时，寸阴是惜 夏禹，姒姓，称为禹。舜命他治水，他走南闯北十三年，三过家门而不入，曾说："人当惜寸阴。"舜死后，禹被推为部落联盟首领，建立了夏朝，成为夏禹。宋朝陈亮曾说："当效禹王，寸阴是惜。"寸阴是惜：日影移动一寸的时间也应当珍惜。表示时间极其宝贵。是：文言助词。

宗仪辍耕 元末人陶宗仪，在松江居住时，亲自耕稼，闲了就在树荫下休息，有所想时，摘叶记上，储存在破罐中，积了十余年，整理成《南村辍耕录》。

寸阴尺璧 一寸光阴比直径一尺的璧玉还要贵重。形容时间极其宝贵。璧：平而圆中心有孔的玉。

间不容发 比喻情势极其紧迫。西汉时文学家枚乘，是吴王刘濞的谋士，见刘濞准备反叛，便上书劝谏。枚乘说，千钧系于一发，情势极其危急，就像两者距离极近，中间容不上一根头发一样，请大王深思。吴王刘濞不听从劝谏，枚乘只得离开他。后来反叛遭到镇压，刘濞被杀。

竞相争长

苏秦说韩，

羞以牛后；

勒比光武，

鹿死谁手？

物竞天择，

龙争虎斗；

竞相争长，

独占鳌头。

羞以牛后

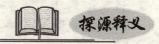

探源释义

苏秦说韩，羞以牛后　战国时期纵横家苏秦，得知韩国害怕秦国进犯，准备把一块土地送给秦国，并向秦称臣的消息，来到韩国，说服韩王不要屈服，指出韩国如果答应秦国的无理要求，就和牛的肛门一样为天下人所耻笑。韩王因此决心与秦抗战到底。说(shuì)：劝说。羞以牛后：不愿意处在从属的地位。

勒比光武，鹿死谁手　五胡十六国时后赵国君石勒，出身于奴隶，后聚众起义，消灭了西晋在北方的势力，称帝建立后赵，因而非常自负。一次，石勒在听到臣子的恭维后，狂妄地说："假如我碰到光武帝刘秀，就会一块儿在中原打猎，看看鹿死谁手？"鹿死谁手：比喻天下政权为谁所得，或最后胜利属于谁。

物竞天择　万物相互竞争，通过自然选择，适者保存下来。

独占鳌头　唐宋时皇宫殿前有石雕龙鳌，科举考试中了状元，在殿前迎榜，称"独占鳌头"。后泛指在竞争中名列前茅。鳌(áo)：传说中海里的大鱼或大鳖。

励志谣

大有作为

毛遂自荐

毛遂自荐，

脱颖而出；

吴王亲征，

如火如荼。

各显身手，

各有千秋；

大有作为，

大展宏图。

探源释义

毛遂自荐，脱颖而出　战国时赵国平原君门客毛遂,当秦国要攻打赵国,平原君挑选门客一起去楚国求援,他主动请求赴任。平原君认为真有作为,锥尖会立刻从囊中显现出来,毛遂则说:"你如果早把我放入囊中,我早就脱颖而出了。"毛遂出使楚国后,果然出色地完成了使命。脱颖而出:物体尖端露了出来。比喻突然显露惊人的才能。颖(yǐng):物体尖端的尖锐部分。

吴王亲征，如火如荼　春秋末吴国国君夫差,率军进犯晋国,夜里让中间方阵的将士穿上白色的铠甲,左右两侧的将士则穿红色铠甲,在灯笼火把照耀下中间像是一片盛开的白花,两侧像是燃烧着的火海。晋军梦中惊醒,胆战心惊,只得与吴订盟称臣。如火如荼:像火一样红,像荼花一样白。形容气势旺盛。荼(tú):开白花的茅草。

各有千秋　每个人都有可以流传千年的专长。千秋,泛指久远。

明德惟馨

苏武牧羊，

毡餐雪饮；

田横笑人，

素魄冰魂。

先忧后乐，

盛德不泯；

先人后己，

明德惟馨。

先忧后乐

探源释义

苏武牧羊，毡餐雪饮 西汉时苏武，奉命出使匈奴，回国时被匈奴扣留，关在地窖里，苏武毡餐雪饮。后押至北海放羊，苏武始终手持"使节"，心系大汉，十九年后才被接回汉朝。毡餐雪饮：饮雪解渴，吞毡充饥。形容生活极其艰苦。

田横笑人 用来勉励自己不做苟且偷生的事，比喻宁死不屈。战国时期齐国的贵族田横，秦末楚汉战争中自立为王。刘邦灭楚称帝后，田横与其部下500余人逃入海岛。刘邦召他到洛阳，他在途中自杀。刘邦又命人召岛中500余人，这500余人得知田横已死，也都自杀。

先忧后乐 对国家忧患与人民疾苦十分关心。北宋政治家、文学家范仲淹，由于正直为官遭到奸臣嫉妒，被贬放逐到洞庭湖畔。他登上岳阳楼，观湖望景，思绪万千，感叹道："古代仁人志士官居高位为百姓忧虑，身处民间替国君忧虑。真是先天下之忧而忧，后天下之乐而乐啊！"

盛德不泯 盛大的德行永远不会泯没，指大德之人永世受人尊敬。

明德惟馨 完美的德性才是真正芬芳的。惟：只。馨(xīn)：芳香。

厚德载物

运用之妙，存乎一心

唐宗三鉴，

程子四箴。

富翁五贼，

为富不仁。

厚德载物，

存乎一心；

十年树木，

百年树人。

探源释义

　　唐宗三鉴　唐太宗李世民对谏议大夫魏征十分尊重，魏征前后陈谏200余事，死后，唐太宗大哭说："以铜为镜，可以正衣冠；以古为镜，可以知兴替；以人为镜，可以明得失。今魏征殁，朕亡一镜矣！"鉴：镜子。

　　程子四箴　北宋理学家程颢、程颐兄弟，世称"二程"。程颐曾作视、听、言、动四箴以自警，主张存天理，灭人欲。箴（zhēn）：古代的一种规劝文体。

　　富翁五贼，为富不仁　传说有个士人与一个富人为邻，拜富人为师，富翁故弄玄虚，说："求富首先就要革除五大祸害。"士人问哪五大祸害，富翁称是"仁、义、礼、智、信"。士人恍然大悟，原来孟子早说过"为富不仁"。这富翁还不要"义、礼、智、信"。为富不仁：指一些暴富的人唯利是图，专行不义。

　　厚德载物　道德高尚的人能够容载万物。

　　存乎一心　即"运用之妙，存乎一心"。岳飞常出奇兵击败金兵，副帅宗泽献来古阵图，岳飞十分感谢，说："运用之妙，存乎一心。要出奇制胜，还得临阵应变。"表示方法要巧妙变化，本着一个宗旨善于思考应对。

立德谣

德輶如毛

李公葬金，
高情逸兴；
大夫盗玉，
丧伦败行。
心贯白日，
芒寒色正；
德輶如毛，
习与性成。

李公葬金

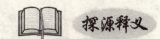
探源释义

李公葬金　比喻对朋友忠诚、对自己严格的高尚美德。唐朝千国公李勉，年少时曾与一个书生旅居在宋州旅店，不到十天，书生得了重病，临终时告诉李勉，说他到太原求官，行囊中带有大量黄金。他见李勉对他关照，便将黄金交给李勉，要他办完丧事就得了这黄金。李勉办完丧事后并没要这金子，把它埋在书生墓穴中。后来书生家人找到，李勉带他们如数取回。

大夫盗玉　即"盗玉大夫"。讽刺那些不择手段占据别人财宝并转手牟取暴利的人。魏国一老农拾得一尺见方的玉石，邻居眼馋骗来献给魏王，魏王得这无价之宝，授那邻居为上大夫，人们称他"盗玉大夫"。

芒寒色正　星光冷清，光色严正。比喻人品行高洁，风姿端正。

德輶如毛　德行轻得像羽毛一样。形容德行的积累是从极轻微的事情上做起的。輶（yóu）：轻。

德高望重

越甲鸣君，

雍门刎颈；

羹污朝衣，

刘宽量洪。

众目共瞻，

德高望重；

万流景仰，

德重恩弘。

德高望重

探源释义

越甲鸣君，雍门刎颈 战国时越国军队攻打齐国，惊吓了君王。齐国大夫雍门子狄，就向齐王请求自尽。齐王不解，雍门说："越军打来了，惊吓了君王，我不能因为越军入侵而死吗？"于是拔剑自刎。越人知道此事，感叹齐国大臣如此忠诚，竟撤军回国。甲，指士兵。鸣，震惊，惊动。

羹污朝衣，刘宽量洪 东汉人刘宽，为人宽厚。一次上朝前，奴婢端着肉汤出来，不小心洒在他的朝服上，它不仅不责怪奴婢，反而关切地问："烫着你的手了吗？"又一次人家把他的牛误当自己的牛牵走了，他也不争辩，结果那人的牛找着了，便还牛认错，刘宽不仅不记恨，还安慰那人。羹（gēng）：糊状食物。

德高望重 品德高尚，名望很高。北宋人富弼，任过三朝宰相，两次赴契丹谈判，慷慨陈词，家里女儿病逝、小儿子出生都顾不上，深受百姓爱戴。史学家司马光称颂他："三世辅臣，德高望重。"

万流景仰 所有的人都尊敬、仰慕。万流：指各方面、各流派的人。

修德谣

守道洁身

朱子修德，
反躬自问；
延寿称病，
思过闭门。
小心翼翼，
守道洁身；
忠心耿耿，
贻范古今。

小心翼翼

探源释义

朱子修德，反躬自问 南宋时著名理学家、教育家朱熹，徽州婺源人，世称朱子。他继承二程学说，主张按《大学》中所说的格物致知、正心诚意来修身，反躬自问，"一念之顷，必谨而察之"，达到了很高的境界。反躬自问：反过来问自己。表示自我检讨。躬：自身。

延寿称病，思过闭门 西汉左冯翊（yì）太守韩延寿视察高陵县时，见两兄弟争田向他告状，他自责未教化好百姓，竟骨肉争讼，第二天便称病辞职，闭门思过。后两兄弟深受感动前来道歉，他才重理政事。思过闭门：即"闭门思过"，关起门来反省自己的过失。

小心翼翼 态度举止严谨恭敬，不敢有一点疏忽。商朝末年，周国国君姬昌改革内政，发展生产，使周国兴盛起来。后来起兵伐纣，各诸侯国一致响应。《诗经·大明》中说："维此文王，小心翼翼。"

贻范古今 给世世代代的人留下榜样。贻：留。范：模范，榜样。

修德谣

三省吾身

三省吾身

姜后脱簪，

观过知仁；

曾子慎独，

三省吾身。

不愧屋漏，

损之又损；

不欺暗室，

清夜扪心。

探源释义

姜后脱簪　西周宣王王后姜氏，很贤德。一次宣王晚起，姜后便去掉簪子，在永巷请罪，还让人传话给宣王说："这是我的过错，怎能怪你呢？"从此宣王勤于政事，国家也兴旺起来。簪（zān）：簪子，别在发髻上的条状物。

观过知仁　也作"观过知人"。看一个人所犯错误性质，就知道他的为人。

曾子慎独，三省吾身　孔子学生曾参，曾点之子，特别注重独处时严格要求自己，他说："吾日三省吾身，为人谋而不忠乎，与朋友交而不信乎，传不习乎？"慎独：独处时谨慎不苟。三省吾身：多次自觉地检查自己。省（xǐng）：检查自己的思想行为。

不愧屋漏　处在暗地里也不起邪心，不做令人愧疚的事。屋漏，指阴暗角落。

损之又损　原指不断减去矫饰虚伪而归于淳朴无为。后也指时刻警惕骄傲自满，保持谦虚的态度。

不欺暗室　即使在无人看见的地方，也不做欺心的事。形容心地光明坦荡。

修德谣

谦卑自牧

夜郎自大，
孤陋寡闻；
负荆请罪，
以心换心。
谦卑自牧，
改过不吝；
从善如流，
日异月新。

从善如流

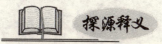
探源释义

夜郎自大　比喻孤陋寡闻，妄自尊大。汉朝时西南部小国夜郎，国王姓竹，从未听说过别国的情况，以为夜郎国最大，最富饶。后来，汉朝使者来访，他竟然狂傲地问："你知道汉朝和我们夜郎国相比，哪一个国家更大吗？"使者听后忍不住笑了起来。

负荆请罪　表示认罪，愿受责罚。战国时赵国蔺相如，出使秦国完璧归赵立了大功，拜为上卿，官位列在老将廉颇之上。廉颇一时牢骚满腹，但蔺相如以国家为重，避让忍辱，感动了廉颇。廉颇为表道歉诚意，脱掉上衣，背着荆条，到蔺家叩首请罪。从此蔺相如与廉颇成了生死之交，共同为国家出力。

谦卑自牧　保持谦虚的态度以提高自我修养。牧：治，指修养。

从善如流　听从高明正确的意见，就像水从高处流下来一样顺畅。战国时晋国大臣栾书率军准备攻打蔡国，有将领不同意，栾书认为这意见正确，便退兵回国。两年后，栾书率兵攻打了蔡国，又想再去攻打楚国，几位将领又不同意，栾书便改变主意，去攻打沈国，结果取得了胜利。大家称赞栾书是"从善如流"。

修德谣

知过必改

亡羊补牢

前车之覆，

后车之鉴；

亡羊补牢，

为时未晚。

痛改前非，

痛下针砭；

知过必改，

不羞当面。

探源释义

前车之覆，后车之鉴　前面的车子翻了，后面的车子把它作为一面镜子，从中接受教训。西汉贾谊上治安策给汉文帝，说秦二世胡亥受宦官赵高的宫教，只知残忍杀人，不知施仁治国，即位后秦朝便迅速灭亡，因而严肃指出："前车覆，后车诫。"

亡羊补牢，为时未晚　比喻出了差错，及时补救是必要的。古时有人养了一圈羊，晚上丢了一只，仔细检查羊圈，原来破了一个窟窿，被狼钻进来叼走了一只。邻人劝他修羊圈，他不听。第二天又丢了一只，他才堵住了窟窿。人们评论说：亡羊补牢，为时未晚。牢：关牲口的圈。

痛下针砭　古代以金属针和石针治病的方法。比喻深刻而中肯地指出错误或弊病，以便改正。砭(biān)：石针或石片。

不羞当面　对于当面的批评，不认为面子上不好看。指敢于接受当面的批评。

立功谣

建功立业

盘古出世，

开天辟地；

盘古卧身，

层峦迭起。

建功立业，

日滋月益；

积厚流光，

斗重山齐。

开天辟地

盘古出世，开天辟地 传说在最早的时候天地浑然一体，像只大鸡蛋。里面有个盘古的人睡了一万八千年，突然一声巨响，这个大鸡蛋碎了，从此分出了天地。盘古在天地之间智高力大，每天身长一丈，一万八千年后，天地相隔九万里，他的身躯也高大无比了。这就是"开天辟地"。

盘古卧身，层峦迭起 盘古把天地开辟出来之后，疲惫不堪。于是他躺了下来，呼气为云，发声为雷，左眼变成太阳，右眼变成月亮，手足变成大地的四极和群山，血液变成江河湖海……于是一个崭新的世界诞生了。层峦迭起：山峰和山峦一次又一次地兴起。

积厚流光 指功业深厚，影响深远。积：功绩，功业。光：发扬光大，广远。

斗重山齐 像北斗星一样让人敬仰，像泰山一样高大庄严。形容人德高望重。斗：北斗星。山：指泰山。

立功谣

屡战屡捷

揭竿而起

陈胜反秦，
揭竿而起；
张良扶汉，
决胜千里。
兵不卸甲，
马不停蹄；
屡战屡捷，
所向无敌。

探源释义

陈胜反秦，揭竿而起 秦朝末年，陈胜、吴广随900名青壮年农民，被征到渔阳戍边，二人当上了屯长，走到蕲县大泽乡遇雨无法赶路。按秦朝法律，误期赶到也要杀头，于是商量起义。大家高举竹竿为旗，发誓一定要推翻秦朝。起义军迅速占领了蕲县，横扫900里，聚众数万人，并且建立了历史上第一个农民政权——张楚政权。揭竿而起：后泛指武装起义。

张良扶汉，决胜千里 秦末大乱中，留侯张良（字子房）扶助汉王刘邦，智取潼关，破敌蓝田，避险鸿门，大战垓下，成就了灭楚建汉的伟大功业。所以，刘邦感叹地说："夫运筹帷幄之中，决胜千里之外，吾不如子房。"决胜千里：形容将帅善于谋划、指挥。

屡战屡捷 屡次打仗屡次都取得胜利。屡：一次又一次。

20

立功谣

改天换地

胡亥亡秦，

刘邦兴汉，

时移世易，

沧海桑田。

改天换地，

重整河山；

振臂一呼，

地覆天翻。

沧海桑田

探源释义

胡亥亡秦　秦朝第二代皇帝胡亥，自幼得父亲始皇的宠爱，始皇死后，他与赵高、李斯密谋，伪造诏书，迫令公子扶苏自杀而夺得皇位。即位后大肆杀戮，赋敛苛重，导致农民起义。巨鹿之战中，秦军主力被项羽起义军摧毁，朝政土崩瓦解，赵高又逼杀胡亥，秦朝因此灭亡。

刘邦兴汉　刘邦在沛地起义，势力逐渐增强，陈胜牺牲后，刘邦与项羽领导的两支起义军成为反秦主力。公元前206年，刘邦率兵攻入秦都咸阳，前202年战败项羽，即位建立汉朝，即汉高祖。刘邦在位期间，注重休养生息，减刑薄赋，社会经济得到了恢复和发展。

沧海桑田　沧海变成桑田，桑田变成沧海。比喻世事变化很大。也指人复杂多变的遭遇。沧海：大海。沧：指水深而呈青绿色。

立功谣

济世安邦

戮力同心

商汤伊尹，

戮力同心；

穆公换秕，

藏富于民。

济世安邦，

旋转乾坤；

生聚教训，

吐惠含仁。

探源释义

商汤伊尹，戮力同心　夏朝末年商部落首领汤，看到暴君夏桀不得人心，决心起兵灭掉夏朝。他不拘一格选用人才，发现妻子的陪嫁奴隶伊尹有才干，便任他为相，并发出文告说："上天命我请来大圣人伊尹，要我和他戮力同心，治理天下。"由于百姓拥护，汤灭了夏朝，建立了商朝。戮(lù)：并，合。

穆公换秕，藏富于民　春秋时邹国穆公下令一律用秕谷喂养鹅鸭，不得再用粟米。当时官仓未储秕谷，只好向老百姓去换。这样，两石粟米才能换得一石秕谷。穆公认为，这样官仓粮食就转给了老百姓，藏富于民，国也就富强了。秕(bǐ)：秕谷，不饱满的稻谷或谷子。藏富于民：把财富藏在老百姓手中。指让百姓富裕。

生聚教训　繁殖人口，发展生产，教育人民，训练军队，使国家富强起来。生聚：繁殖人口，积聚物力。

吐惠含仁　推行仁爱，让利于民。形容国家政治开明，教化良好。

成功谣

鸢飞鱼跃

陶朱猗顿，

天空海阔；

管仲鲍叔，

鸢飞鱼跃。

各行其志，

各得其所；

富贵利达，

裕民足国。

各得其所

　　陶朱猗顿　指称巨富之家。陶朱：即范蠡（lǐ），春秋末年楚国人，曾任越国大夫，帮助越王勾践灭吴之后，弃官离越，改名换姓，漂泊江湖，到齐国陶地（今山东定陶西北）经商，成为巨富，改名朱公。在陶十九年，他三次赚得千金，就两次分给贫穷的亲友。猗（yī）顿：春秋鲁国人，在猗氏（今山西临猗南）经营池盐及畜牧致富。

　　天空海阔　也作"海阔天空"。形容空间广阔，也形容人气度豁达开朗。

　　管仲鲍叔　即"管鲍之交"。形容朋友之间知心相契，友谊深挚。管仲、鲍叔牙年轻时合伙做生意，分钱财鲍叔牙总是多分些给管仲，后来鲍叔牙侍奉齐公子小白，管仲侍奉齐公子纠，小白即位立为齐桓公，公子纠被杀，管仲被囚，鲍叔牙又向齐桓公推荐管仲出任相国，管仲为齐国富强做出了很大贡献。

　　鸢飞鱼跃　鹰在天空飞翔，鱼在水中跳跃。形容万物各得其所。鸢（yuān）：老鹰。

　　裕民足国　使民众富裕，使国家丰足。

成功谣

后生可畏

后生可畏

孔子识才，
后生可畏；
晋武问贤，
月中折桂。
初出茅庐，
扬才露己；
飞龙乘云，
出类拔萃。

 探源释义

孔子识才，后生可畏 春秋末期伟大思想家、教育家孔子,弟子很多,曾一起周游列国。一次遇见三个小孩,两个在玩耍,一个站在一旁。孔子连问站着的小孩几个问题,他都回答得令人惊讶,孔子赞扬他说:"后生可畏呀!"后生可畏:年轻人是值得敬畏的。指年轻人在事业上容易超过前辈。

晋武问贤,月中折桂 西晋人郤诜(xìshēn),受任雍州刺史,晋武帝在东堂送行,问郤诜说:"爱卿自认为何如?"郤诜说:"臣举贤良对策时,算是天下第一,犹如桂林中一枝独秀,昆山上片玉生辉。"有人说郤诜太狂妄,要奏免他。晋武帝说:"我是与他说着玩的。"月中折桂:相传月中有桂树,比喻科举及第。

初出茅庐 比喻刚刚步入社会或从事某项工作,尚缺乏经验。刘备三顾茅庐请诸葛亮出来辅佐自己。诸葛亮离开茅庐,和曹操第一次交锋就打了大胜仗。

出类拔萃 形容人的品德、才能超群出众。战国时伟大思想家孟子,名轲,一次学生公孙丑问他:"一般贤德的人与圣人有什么不同?"孟子说:"孔子是圣人,圣人和老百姓也是同类,但圣人远远超过普通老百姓。"萃(cuì):聚集。

成功谣

中流砥柱

庞统之智，

南州冠冕；

狄公之德，

斗南一贤。

中流砥柱，

独当一面；

道德文章，

纬地经天。

独当一面

探源释义

庞统之智，南州冠冕 三国时襄阳人庞统，长相有些傻气，贤士司马徽与庞统交谈，却大为惊异，称他"当为南州士之冠冕"。南州冠冕：称誉才识卓绝的人。南州：南方地区。冠冕(miǎn)：帽子，比喻处于首位。

狄公之德，斗南一贤 唐代名臣狄仁杰，同事郑崇质奉命出远差办事，但他母亲正在生病。狄仁杰主动向长史蔺仁基请求，自己代其出差。蔺称誉说："狄公之贤，斗北之南，一人而已！"斗南一贤：即"斗南一人"，形容人品独一无二。

中流砥柱 河南三门峡旁黄河里有座砥(dǐ)柱山，激流冲击却巍然屹立。比喻坚强的、能起支柱作用的人或集体。

独当一面 一个人单独承担一方重任。秦末战乱中，韩信投靠项羽，却未得到重用，后改投刘邦，张良与刘邦说："汉王之将独韩信可属大事，当一面。"于是拜为大将，果然韩信指挥汉军平定三秦，打败项羽，为刘邦取得天下。

纬地经天 即"经天纬地"。比喻经营规划宏伟的事业。多指具有治理天下的杰出才能。经、纬：治理、规划。

成功谣

扶摇直上

范雎遁秦，

扶摇直上；

郑和出海，

扬帆远航。

一往无前。

迎风劈浪；

一日千里，

腾达飞黄。

一日千里

探源释义

范雎遁秦，扶摇直上　战国时魏国范雎（jū）很有才干，但因家穷只得在中大夫须贾那里为奴，受尽虐待。后来改名张禄逃到秦国，被秦昭王重用当了相国。一次须贾出使秦国，范雎故意穿件破旧衣服求见须贾。须贾很吃惊，当场送给他一件袍子，拜见相国时发现秦相就是范雎，惊异地说："我万想不到您竟能扶摇直上！"遁（dùn）：逃走，隐藏。扶摇直上：也作"青云直上"，比喻人升迁迅速、顺利。

郑和出海　明朝航海家郑和，奉命到国外宣传大明皇帝的治国思想。他们远航到阇婆（今印度尼西亚爪哇岛）、苏门答腊、锡兰（今斯里兰卡）、柯枝（今印度西南）、忽鲁漠斯（今伊朗东南）等地，一路上明礁暗滩、狂风巨浪没有阻挡住他们，顺利地到达目的地，受到了各国的欢迎，并相互赠送礼物，传达大明皇帝的声音，也带回了各地部落酋长的祝福。

一日千里　形容极为迅速。西周穆王出游西域，造父为他驾车。得知徐国偃王起兵造反，造父便驾车一日千里送穆王回国，终于调兵剿灭了叛乱。

二、仁 篇

仁,就是爱人,对人尊重、关心、爱护、帮助。在中华传统道德的各项内容中,仁是核心。以仁为核心,仁、义、礼、智、信才构成了美好的传统道德体系。如果丢掉了"仁"这个核心,道德成了一个空壳,义、礼、智、信就无所依附,甚至会——成为不仁的丑恶东西。

"仁者爱人",这"人"到底指谁? 是一切人,是绝大多数人,是一部分人,还是自己一人? 这就有个视野和原则的问题了。古人所言"仁者爱人"自然是指一切人,近人所言"博爱""人道"也是指一切人,今人所言"解放全人类"仍是指一切人。尽管我们也要惩治罪人、制裁恶人、打倒敌人,但这正是为了维护"一切人"的整体利益和长远利益,以达到爱"一切人"的终极目的。

"仁者爱人"是一个宗旨,如何在每一个人的言行中得到充分体现呢? 这是追求崇高道德的人所不断思考、不懈践行的问题。施政者要施仁政,以民为本,与民同乐,与民同忧。一个社会,施政者的仁德最为重要,他们的仁德、仁政,可以带动全社会的仁风、仁俗。不过施政者只是很少的一部分人,不属于施政者的大多数人,即人民群众,也应该讲仁德,也要有仁者爱人的思想境界。只有每一个人都讲究仁德,每一个人都能爱一切人,这样,每一个人就都将受到其他人乃至一切人的爱,整个社会才能和谐运转,最终实现"大同"。

一般的人讲究仁德,要做到仁善、仁厚。所谓仁善,就要始终保持善良的心地,保持扶危济困的慈爱,保持积善成德的虔诚,旗帜鲜明地抑恶扬善、除暴安良;所谓仁厚,就要既严于律己,又宽厚待人、平易近人,做到达人大观、胸怀坦白。

仁人常常表现于仁友。人要善于交朋友,取人以善,与人为善,助人为乐,你的朋友就会很多很铁。反之,老是诟病于人,吝啬于友,就不容易得到朋友,得到了也很容易失去。

仁人还应该仁家。家庭是社会的细胞,人人都有一个如何对待家庭的问题。子女乃父母所生所养,孝顺父母,供养家庭,敬奉祖先,是子女的不二之责,一个家庭,内部必须保持父子之间、兄弟之间、夫妻之间的和谐,它的成员才可以在社会上专心致志地工作,这也就是古人所说的"治国必先齐其家"的道理。

仁人也应该仁身。生命可贵,谁都应该珍惜。从积极的角度看,每一个人都是社会的人,就必须为社会做出应有的贡献,因而没有理由不保护好自己的生命,不锻炼好自己的身体,不保持好一种健康的身心状态,这不但不是自私,而且是一种广义的"仁人",一个有仁心仁德的人不可小视的义务。仁他人与仁家、仁身是一组矛盾,它统一于一个"仁"字之中,正确认识和处理这组矛盾,谁都不可回避。

仁爱谣

仁者爱人

桐乡立祠，

为官一任；

丙吉问牛，

当政为民。

草菅人命，

残虐不仁；

民胞物与，

仁者爱人。

草菅人命

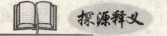 探源释义

桐乡立祠 汉朝舒地人朱邑，在桐乡任过乡官，爱护百姓，民众都很尊重他。后来朱邑当太守、大司农，仍对桐乡很怀念。晚年病重时说："我死之后，把我葬在桐乡，子孙祭祀我，也不如桐乡老百姓。"果然，桐乡百姓为他建坟立祠。

丙吉问牛 汉朝鲁地人丙吉，宣帝时当过宰相，他为人宽厚礼让，经常巡视各地，体察民情。一次出巡，看到一群人拦路斗殴，前面有人赶牛，牛喘得吐出舌头。他停车问赶牛走了几里路，掾史认为宰相不该问这些琐事，而斗殴的事却不过问。丙吉说："打架斗殴有地方官处理，早春时节牛就喘气不止，这是灾年的象征，所以我要问这大事。"大家听了都心悦诚服。

草菅人命 把人命看得像野草一样轻贱。指轻视人命，任意杀戮。秦二世胡亥施行暴政，杀人就像割茅草一样。西汉贾谊在《治安策》中以胡亥草菅人命导致亡秦为例，劝谏汉文帝不要滥施刑罚。菅(jiān)：一种多年生的野草。

民胞物与 天下民众都是同胞，世间万物都是同类。表示以仁爱之心，泛爱一切。与：同类。

仁爱谣

民为邦本

心悦诚服

仲康救夏，
民为邦本；
彬下江南，
发政施仁。
视民如伤，
天下归心；
心悦诚服，
化驰如神。

探源释义

仲康救夏，民为邦本 夏王启去世后，太康继位，终日田猎游玩，十旬不归，有穷国乘机占领夏都。太康的五个弟弟都十分怨恨，仲康放歌道："皇祖有训：民可近，不可下。民惟邦本，本固邦宁。"仲康另择都重建夏室，励精图治，使夏室得到发展。民为邦本：也作"民惟邦本"，人民是国家的根本。

彬下江南 北宋初年，宋太祖征伐江南时，曹彬率兵攻打金陵，有意让军队缓慢推进。一天他忽然称病，将领们赶来问候，他说："我的病非药所能治，只需各位正心诚意自我立誓，攻下城池后不乱杀一人，我的病就好了。"大家焚香立誓，攻下城池后李煜带着群臣来投降，曹彬都以宾客的礼节对待他们。

心悦诚服 发自内心的喜悦，真心诚意地佩服。战国时伟大思想家孟子，有人问怎样才能称霸诸侯，他说："依靠武力征服别国，人家不会诚信服从；以德行、仁义服人，就会叫人心悦诚服。"

化驰如神 形容道德教化施行得非常迅速顺利。化：教化。

与民同忧

晋公苦奢，

食不兼肉；

吴越共渡，

风雨同舟。

与民同乐，

与民同忧；

甘苦与共，

气义相投。

风雨同舟

探源释义

晋公苦奢，食不兼肉　春秋时，晋文公见当时流行一种讲排场、摆阔气的坏习气，便带头用朴实节俭的作风去纠正它，穿衣服不穿高档丝织品，吃饭不吃两种以上的肉。不久以后，人们都穿起了粗布衣服，吃起糙米饭来。食不兼肉：一餐不吃两个荤菜。形容生活俭朴。

吴越共渡，风雨同舟　春秋时，吴越两国连年战争，彼此非常仇视。一次，吴国人和越国人碰巧同船渡河。开始他们互不理睬，船至江心，惊涛骇浪扑面而来，这时他们抛开了仇恨，相互配合，齐心协力，平安到达了彼岸。风雨同舟：比喻同心协力共渡难关。

与民同乐　也作"与民偕乐"。跟老百姓共享欢乐。

气义相投　志趣、情谊互相投合。

仁为己任

天经地义

刘魁谏君，

洁己爱人；

邺令投巫，

恤物爱民。

大爱无私，

仁为己任；

天经地义，

求仁得仁。

探源释义

刘魁谏君，洁己爱人　明朝时工部员外郎刘魁，洁己爱人。他看到嘉靖皇帝听信方士谎言，大造"佑国康民雷殿"，国库银子花得像流水，便冒死向皇帝进谏劝阻，果然皇帝大怒，当场处以杖刑，接着打入死牢七年，受尽折磨。洁己爱人：廉洁自律，爱护他人。

邺令投巫　战国时魏国邺令西门豹，了解到巫婆每年都以祈祷河水不要泛滥为名，给河神娶媳妇，将一个个良家女子让河水吞没，他便将计就计，召集各界父老聚会，当众将巫婆投入河中，让她去做河神媳妇。这样救了良家女子，又破除了迷信。接着他发动民众修渠引水，变水害为水利。

天经地义　指无可怀疑、不可改变的普遍法则或道理。东周景王时，王室动乱，各诸侯会盟，晋国大臣赵鞅向诸侯问礼，郑国大夫游吉说："夫礼，天之经，地之义，民之行也。"这样，各诸侯军队联合起来，平定了周室之乱。

求仁得仁　寻求仁德就得到了仁德。商朝时孤竹君死后，其子伯夷、叔齐互推王位，后来又不肯侍奉周朝，隐居首阳山饿死。孔子称他们是"求仁得仁"。

积善成德

魏征辅政，

仁心仁术。

李相侍君，

蜜口剑腹；

积善成德，

铮铮铁骨；

积恶余殃，

睽睽众目。

口蜜腹剑

 探源释义

魏征辅政 唐朝时魏征，任唐太宗李世民谏议大夫，前后陈谏200余事，提出"兼听则明，偏信则暗"，劝唐太宗以隋亡为鉴，居安思危，忠心耿耿辅佐皇帝，出现了唐初"贞观之治"。

仁心仁术 有仁慈善良的心肠，也有行善的方法。

李相侍君，蜜口剑腹 唐玄宗时，李林甫在相位长达十九年之久，专门用两面手法逢迎皇帝、宠妃，陷害忠臣和良吏，尤其是才能名望比他强的人，他都不放过。表面上甜言蜜语，背后却使阴谋诡计，使玄宗晚年愈加昏庸，朝政愈加混乱。大臣纷纷议论，说李林甫"口有蜜，腹有剑"。蜜口剑腹：也作"口蜜腹剑"，比喻嘴甜心狠，歹毒狡诈。

积善成德 积累善事多了，就能形成高尚的品德。

睽睽众目 即"众目睽睽"。众人都睁大眼睛注视着，任何善恶都逃脱不了众人的眼睛。睽睽：睁大眼睛注视的样子。

仁善谣

济寒赈贫

雪中送炭

乐毅图齐，

济寒赈贫；

纯仁助麦，

救灾恤邻。

雪中送炭，

意切情真；

己所不欲，

勿施于人。

探源释义

乐毅图齐，济寒赈贫　　战国时，齐湣王骄横残暴，齐国百姓和诸侯各国无法忍受。五国联军一起杀奔齐国，燕国大将乐毅直取齐国都城临淄，控制了齐国大部分地域。为了安定百姓，实行养老尊贤、吊死问孤、济寒赈贫，与百姓同甘共苦，维持了五年之久。济寒赈贫：救助寒苦，赈济贫穷。

纯仁助麦　　宋朝范仲淹次子范纯仁，一次在外地运五百斛小麦回姑苏，船至丹阳，遇到诗人石景卿，知道他家有丧事，一时没钱安葬，就把小麦全送给了他。回家向父亲汇报，话没说完，范仲淹就说："你做的和我想的完全相符。"

雪中送炭　　比喻在别人困难的时候给予帮助。宋朝太宗皇帝，在一次大雪时，想起贫苦的人受饥挨冻，就派官员拿着粮食和木炭，发送给他们，让贫苦的人也有米煮饭吃，有木炭生火取暖。

己所不欲，勿施于人　　自己不愿做的事，不要强加给别人。《论语·颜渊》中记载了仲弓问仁的故事，孔子告诉仲弓说："己所不欲，勿施于人"就是仁。

抑恶扬善

饿夫倒戈，

化险为夷；

钟馗打鬼，

铁肩担义。

抑恶扬善，

奋袂而起；

放虎归山，

祸在旦夕。

放虎归山

饿夫倒戈 晋国大夫赵盾敢于直谏，但晋灵公厌烦他，并派卫士刺杀他。卫士中一个叫灵辄的，却突然倒过来保护赵盾，使赵盾化险为夷，在危急中逃走了。原来赵盾曾于灵辄濒临饿死时给他送过食物，灵辄救出赵盾后说："我就是你当初救过的那个饿夫。"

钟馗打鬼 比喻除恶护道。唐朝明皇帝患疟疾，高烧不醒，梦见有个叫"虚耗"的小鬼捣乱，突然一个大鬼"呼"的一声冲进来，揪住虚耗的脖子，撕开皮肉将它吃掉。大鬼对明皇说："我是终南山的钟馗(kuí)，当年科考落榜而撞死，发誓除去虚耗等妖孽。"话音刚落，明皇醒了过来。

奋袂而起 衣袖一甩站起来。形容十分愤激的样子。袂(mèi)：衣袖。

放虎归山 比喻放走敌人，给自己留下祸根。刘备先投奔曹操，后来借消灭袁术、拆散袁绍与袁术联盟之名，得到曹操五万人离开了。谋士程昱说："这是放虎归山。"果然，刘备去而不返，后来建立了蜀国，与曹操抗衡。

除暴安良

为虎作伥

召父兴渠，
造福一方；
杜母治郡，
除暴安良。
倚强凌弱，
为虎作伥；
扶正黜邪，
天理昭彰。

探源释义

召父兴渠 西汉人召信臣，曾任南阳太守。他到任后，勤政廉洁，发动老百姓兴修水利，发展农业生产，造福一方。

杜母治郡 东汉人杜诗，曾任南阳太守，诛暴立威，爱护百姓，减免徭役，大兴水利，使郡内殷实富足，被誉为"杜母"。后来南阳民谣唱道："前有召父，后有杜母。"

倚强凌弱 也作"以强凌弱"。以强大的力量去侵犯、欺侮弱小的力量。孔子得知盗跖做了强盗，去劝说他，盗跖不仅不听劝说，还诬说商汤灭夏、周武伐纣都是以强凌弱，威胁再要劝说，连你孔子也要杀掉。孔子这才感到是自讨苦吃。

为虎作伥 比喻帮助恶人做坏事。传说一个人被老虎吃掉了，死后化作小鬼，叫做"伥（chāng）"。伥鬼害怕老虎，不敢去别处，做了老虎的帮凶，为老虎做向导，让许多人死在老虎口下。

扶正黜邪 扶助正义，除去邪恶。黜（chù）：除去。

仁厚谣

宽仁大度

商汤仁厚，

网开三面；

师德宽容，

唾面自干。

善善从长，

恶恶从短；

宽仁大度，

化及冥顽。

网开三面

探源释义

商汤仁厚，网开三面 商汤伐桀时，曾遇到猎人正在张网捕猎，猎人把四面的网张好，对天祝告："天上掉的，地上跑的，四方经过的，都入我的网里来！"汤命猎人撤掉三面网只留一面来捕兽。诸侯百姓听说汤要网开三面，认为他仁厚，便都来归附他。网开三面：比喻给留生路，宽大仁厚。

师德宽容，唾面自干 唐朝郑州人娄师德，任过监察御史等要职，为人却很谦和。一次他弟弟就任代州都督，他叮嘱弟弟做事要有耐性，弟弟说："如果有人把唾沫吐在我脸上，我擦掉就行了。"娄师德却说："不，让唾沫自行干掉。"唾面自干：形容能够忍受极度的侮辱，没有丝毫不满的情绪。

善善从长，恶恶从短 称赞好的事情，遵从别人的长处；苛责别人的过错，适可而止。第一个"恶"，音（wù）憎恶。

化及冥顽 教化普及到愚昧无知的人，使他们受到教育。冥顽：愚昧。

仁厚谣

取人以善

忠言逆耳

苟变干城，

取人以善；

刘邦听谏，

逆耳忠言。

人各有能，

山吞万象；

人尽其才，

海纳百川。

探源释义

苟变干城 比喻捍卫国家的将士。战国时卫国人苟变,很有才干。孔子的孙子子思曾向君王推荐他,认为可做将才之用。但卫君因为苟变当年随便吃了人家的两个鸡蛋,便弃而不用。子思说:"用人要看他的长处,不能只看他的短处,苟变是捍卫国家的功臣,怎么能求全责备呢?"卫君听到子思的话有理,改变原来的看法,用了苟变。干城:盾牌和城墙。

刘邦听谏,逆耳忠言 刘邦进了咸阳,看到秦宫华丽异常,打算在宫内享受一番。部将樊哙劝他以夺天下为重,他还是留恋不舍。谋士张良说:"秦国正因为无道,百姓才起来造反;如今刚入秦地,怎么能就想享乐?忠言逆耳利于行,良药苦口利于病呢!"刘邦这才听了樊哙的话,同张良一起走出了秦宫。逆耳忠言:即"忠言逆耳"。忠告的话刺耳,不易被人接受。

山吞万象 站在高山上能看到世间万物。比喻胸怀极为宽广。

海纳百川 大海能够容纳成百上千条江河。比喻包容性极广极强。

平易近人

周公礼贤，

吐哺迎宾；

姜公封齐，

平易近人。

你谦我让，

克恭克顺；

心平气定，

能屈能伸。

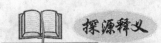

平易近人

周公礼贤，吐哺迎宾 周文王姬昌之子、周武王姬发之弟姬旦，世称周公。商灭亡后，封为鲁公，他继续辅佐武王，儿子伯禽到鲁国就任。他告诫伯禽说："我地位不低，但我洗一次头三次握发，吃一顿饭三次放下饭碗去接待宾客，是怕怠慢天下贤士。你一定不要骄傲啊。"吐哺迎宾：又作"握发吐哺"，形容招揽贤才的殷切心情。哺：咀嚼着的食物。

姜公封齐，平易近人 商末周初，姜公（姓姜，名望，字子牙）与周公一起辅佐武王伐纣，平定天下后，被封在齐。伯禽封鲁三年后回朝廷报告，姜公五个月就回朝报告。周公感到奇怪，姜公说："我简化了君臣之间的礼节，一切按照当地的风俗去做。"周公说："平易近民，民必归之。"平易近人：形容态度谦逊和蔼，使人容易接近。

克恭克顺 能够恭敬和顺从，丝毫也不违背。克：能够。

襟怀坦白

谈笑自若

狄梁被谮，
心宽体胖；
曹操听檄，
达人大观。
襟怀坦白，
磊落不凡；
谈笑自若，
飘然欲仙。

探源释义

狄梁被谮 唐朝武则天时宰相狄仁杰，封梁国公，理政能力极强，心胸又很开阔。武后对他说："你在汝南，有人说你的坏话，你想知道是谁吗？"狄说："陛下以为过，我当改之；以为无过，是我的荣幸。我不想知道那人是谁。"

曹操听檄 东汉献帝时丞相、三国时期政治家、军事家曹操，曾被袁绍部下的陈琳作檄文骂过，但陈琳归附他后，不计前嫌，还让他当管记室，魏国的公文多是他写的。一次，曹操犯头痛病，他卧在床上吟读陈琳的檄文，不觉一下子就好了。他说："此文能治我病。"檄：xí 檄文，征召、声讨的文书。

达人大观 通达的人能洞察事物的全貌。也指心胸开阔。

谈笑自若 在紧急情况下谈笑自然，不改常态。三国时吴将甘宁，受周瑜之命率军攻打夷陵，夺城后曹军又反过来围城，将士们都很恐慌，唯独甘宁谈笑自若，镇定迎战。结果曹军一直无法攻破夷陵。

善与人交

公超成市，
宾客盈门；
太丘道广，
胜友如云。
善与人交，
天涯比邻；
高山流水，
识趣知音。

高山流水

公超成市，宾客盈门 汉朝张楷，字公超，通《春秋》《尚书》，各方人士都慕名来拜访求学。一时间，车马都堵住了街道，一些官宦就趁机在附近盖房子，收来访的人过路费。张楷见状只得搬家，但来访的人们又涌来了，张楷家依然宾客盈门，成了热闹的街市。宾客盈门：形容客人很多。盈：充满。

太丘道广 形容交游非常广泛。东汉时许劭（shào），喜欢品评人物，颍（yǐng）川太丘长陈寔（shí）很有名望，常是宾客盈门，胜友如云。许劭这次路过颍川，拜访了许多名流，唯独不去拜访陈寔。大家感到奇怪，许劭说："太丘道广，广则难周。"

天涯比邻 彼此相隔甚远，仍像左邻右舍般情深意厚。唐朝诗人王勃《送杜少府之任蜀州》："海内存知己，天涯若比邻。"比邻：邻居、近邻。

高山流水 春秋时著名琴师俞伯牙，琴艺高超至极。一个夜晚，他乘船游览，弹起琴来，琴音一会儿赞美高山，一会儿赞美流水，樵（qiáo）夫钟子期听得入神。伯牙认定子期是他的知音，二人成了非常要好的朋友。

仁友谣

与人为善

尔虞我诈

梁亭窃灌，
浇瓜之惠；
朱公说璧，
宽大为怀。
尔虞我诈，
世风败坏；
与人为善，
近悦远来。

探源释义

梁亭窃灌，浇瓜之惠 楚梁两国边亭都种了瓜，梁国人瓜长得好，楚国人瓜长得差。几个楚国人乘天黑将梁国的瓜秧毁坏了一大片。梁国人也准备捣毁楚国的瓜秧，但县令出面制止，还让百姓帮助楚国人种瓜，结果楚国的瓜也长得很好，他们非常感激，楚梁两国从此更加友好。浇瓜之惠：指以德报怨，不计前嫌。

朱公说璧 比喻宽厚才能得人心。梁王召见朱公，问一个案子狱吏们众说纷纭，该如何判。朱公不直接回答，只说有两块璧，尺寸、光泽都一样，可一块价值千金，一块只值五百金。原来从侧面看，那块璧厚，才值千金。梁王恍然大悟，由此懂得了可判可不判的案子，就不判，也应该宽厚。

尔虞我诈 指相互欺骗，互不信任。春秋时，楚国攻打宋国，久而未破。楚军将士疲乏，准备退兵。但楚军故意造房种地，假意常住，想逼宋军投降。宋将潜入楚营窥探虚实，然后令楚宋立盟，互不相欺。尔：你。虞（yú）：欺骗。

近悦远来 使近居的人心悦诚服，让远方的人慕名归附。

仁友谣

关心备至

诸侯朝晋，

奉若上宾；

仲连游赵，

排难解纷。

春风和气，

冬日夏云；

关心备至，

达人立人。

排难解纷

探源释义

诸侯朝晋，奉若上宾　春秋时郑相子产，出访晋国，带去很多礼物，晋平公见郑国是小国而迟迟不见。子产只得拆掉宾馆外的围墙，赶进马车，安放物品。晋平公责怪子产，子产说："过去晋文公接待朝拜的诸侯，将他们奉若上宾，如今却不一样了。"晋平公感到惭愧，马上接见子产，下令重新建造宾馆。

仲连游赵，排难解纷　战国时齐国高士鲁仲连，听说秦军围赵，逼赵尊秦昭王为帝，就对正在访赵的魏将辛桓衍说："秦不讲理义，如真的称帝，就要变动诸侯大臣，干预各国内政。"魏将听了这一席话，就出兵救赵。赵王要封赏鲁仲连，鲁回答说："天下智士可贵之处，就在于为他人排难解纷而无所取。"排难解纷：排除患难，解决纠纷。

冬日夏云　冬天的太阳给人们带来温暖，夏天的云层遮挡了炙热的阳光让人们享受凉爽。

达人立人　使人通达，帮人建功立业。《论语·雍也》中孔子的话。孔子说："夫仁者，己欲立而立人，己欲达而达人。"

仁友谣

助人为乐

乐不可支

巨伯高谊，

重义好施；

董奉杏林，

手滑心慈。

急人之困，

推衣解食；

助人为乐，

乐不可支。

探源释义

巨伯高谊 汉朝人荀巨伯，一次去探望生病的友人，正碰上强盗攻打该郡。友人见状，对巨伯说："我今天可死定了，你快离开这里吧。"巨伯说："我大老远来探望你，你要我离开，这种丢掉义去逃生，哪里是我荀巨伯所干的！"强盗冲了进来，问："全郡都跑光了，你为何还在这里？"巨伯说："有人患病，不忍离开，我愿代他而死。"强盗不忍杀这般有义之人，只得走了。

董奉杏林 三国时吴国人董奉，为人治病不收钱，病重的让他种五棵杏树，轻的也种一棵。杏子熟了，让人用粮食来换杏子，粮食又用作赈济穷人。

乐不可支 形容快乐到了极点。东汉初年蜀人张堪，熟读经史，德行出众，曾有"圣童"美称。他任蜀郡太守，迎光武帝进蜀，差点府库，封存珍宝，一一报告给刘秀。后来任渔阳太守，打击贪官，鼓励垦田耕种，郡内安定，百姓富足，渔阳人颂扬他说："张君为政，乐不可支。"

仁家谣

孝思不匮

伯俞泣杖，

老莱娱亲，

子路负米，

董永卖身。

孝思不匮，

天理人心；

数典忘祖，

不肖子孙。

子路负米

探源释义

伯俞泣杖　汉时，韩伯俞事母极孝，一次犯了错，母亲用杖打他，伤心大哭。母亲问为何要哭，他说这次打得不痛，说明母亲身体不如从前，因而伤心。

老莱娱亲　春秋时楚国人老莱子，七十岁时父母还健在，他为了让父母生活得愉快，常以小儿的情态做游戏，穿着花衣服给父母看，以表孝心。

子路负米　孔子学生子路，家里很穷，但得知他所在学校附近米价比家乡米价便宜，便请假徒步百里，背米送回家中。父母吃完了，他又送米回家。孔子见他经常请假，问其原因，子路如实相告。孔子称赞说："子路真是个大孝子啊！"

董永卖身　东汉人董永，父亲死了无钱下葬，决定卖身葬父；在去财主家路上遇到仙女相助，二人一同织布，织完三百匹布便赎身而归。

孝思不匮　对父母行孝道的心思时刻不忘。匮(kuì)：缺乏。

数典忘祖　查数着典籍，却忘记了自己祖先的行事。比喻忘本。

仁家谣

知恩图报

一饭千金

韩信报姬，
一饭千金；
游子恋母，
寸草三春。
鞠育之苦，
顾复之恩；
知恩图报，
铭刻在心。

探源释义

韩信报姬，一饭千金　秦朝末年，刘邦的得力大将韩信，少年时父母双亡，常常饿着肚子，一次在淮水边钓鱼，一位老大娘把自己的饭分给他吃，一连十几天都是如此，韩信感激在心，封为楚王后找到老大娘，送给她一千金。姬：yù 老年女人。一饭千金：比喻受人点滴恩惠，给以厚重的报答。

游子恋母，寸草三春　唐朝诗人孟郊，有一首《游子吟》的诗："慈母手中线，游子身上衣。临行密密缝，意恐迟迟归。谁言寸草心，报得三春晖。"表达了母亲对儿子的深情厚爱和儿子对母亲报恩之心。寸草三春：即"寸草春晖"。小草微薄的心意难以报答春日阳光的恩情。比喻儿女难以报答父母的恩情。

鞠育之苦　指养育的艰辛。鞠（jú）：生养，抚育。

顾复之恩　照顾我，爱护我。比喻父母养育的恩德。复：即"覆"，庇护。

兄友弟恭

煮豆燃萁，
相煎太急；
情重姜肱，
孔怀兄弟。
骨肉至亲，
血脉相系；
兄友弟恭，
连枝同气。

煮豆燃萁

煮豆燃萁，相煎太急　比喻骨肉相残或内部自相迫害。曹操死后，曹丕称魏文帝。其弟曹植有才，不满曹丕登位，喝醉酒打骂朝廷使臣，曹丕乘机将曹植抓到朝廷，命他七步成诗，曹植七步应道："煮豆持作羹，漉豉以为汁。萁在釜下燃，豆在釜中泣。本是同根生，相煎何太急！"萁（qí）：豆秆。

情重姜肱　比喻兄弟非常友爱。东汉人姜肱（gōng），与两个弟弟仲海、仲江，都以孝行闻名。他们兄弟之间，常常晚上共睡一床，后来各人娶了妻子，还彼此亲密无间。

孔怀兄弟　即"兄弟孔怀"。弟兄之间时时思念关怀。称述兄弟友爱之情。孔：很，甚。

兄友弟恭　哥哥爱护弟弟，弟弟恭顺哥哥。

连枝同气　比喻同胞兄弟，手足情谊。同气：同胞兄弟。

家和福生

如胶如漆

九世同居，

公艺百忍；

荀粲熨妇，

风月常新。

吾爱吾庐，

家和福生；

如胶如漆，

难舍难分。

探源释义

九世同居，公艺百忍 唐朝人张公艺，一家九世同居。唐高宗感到惊奇，问他怎么能做到这样，张公艺拿起笔写了一百个"忍"字呈献给皇帝。九世同居：形容家族兴旺。

荀粲熨妇 形容夫妻之间感情极深。三国时魏国人荀粲，娶了骠骑将军曹洪的女儿为妻，夫妻二人互敬互爱，冬天妻子生病身体发热，荀粲就自己到院子里把身体冻凉，回来和妻子贴近身体给他散热降温。

风月常新 比喻夫妻情爱，长久如新。风月：指男女恋爱之事。

如胶如漆 如同胶漆黏着一样。形容彼此间非常亲密，无法分开。汉朝时有一对好朋友，一个叫雷义，一个叫陈重。两人一同进京赶考，雷义考中，陈重落榜。雷义请求将功名让给陈重，考官不答应。几年后两人再考，一起录取被授为尚书郎。世人称"陈雷胶漆"。

性命攸关

威后问齐,

安然无恙;

王勃三尺,

命途多舛。

青春年少,

生意盎然;

安全第一,

性命攸关。

安然无恙

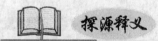

威后问齐,安然无恙 战国时,赵惠文王的妻子赵威后,开明贤达,在诸侯中很有威望。一次,齐使来朝拜赵威后,赵威后接过国书就问:"岁(年成)亦无恙耶?民亦无恙耶?王亦无恙耶?"齐使听了,认为先不问王,不是压低了尊贵吗?赵威后开导说:"没有岁,哪有民?没有民,哪有王?"安然无恙:平安无事,没有发生意外。恙(yàng):疾病,灾祸。

王勃三尺,命途多舛 唐初诗人王勃,27岁时应邀去洪府(今江西南昌)滕王阁赴宴,提笔为滕王阁写序,文中提及自己虽三尺微命,且命途多舛,但穷且益坚,不坠青云之志。"三尺"指尚不懂事的孩儿。"命途多舛"指经历坎坷,多灾多难。舛(chuǎn):不顺,不幸。

性命攸关 关系到人的生命。形容事关重大,紧要急迫。攸:所。

仁身谣

强身健体

乐此不疲

项王悲歌，
拔山盖世；
陶公运甓，
乐此不疲。
动心忍性，
强身健体；
钢筋铁骨，
孔武有力。

探源释义

项王悲歌，拔山盖世 秦朝末年，楚将项羽与刘邦争夺天下，垓（gāi）下之战时，项羽已感到刘邦势力超过了自己，形势十分危急。他骑着骏马，带着虞姬，饮酒悲歌："力拔山兮气盖世，时不利兮骓（zhuī）不逝。"战败后项羽自刎而死。拔山盖世：形容力大无比，无人匹敌。

陶公运甓 比喻刻苦自励。晋代人陶侃，任广州刺史时，闲暇之际，早晨运一百块砖到屋外，晚上又运回来。人们感到奇怪，他说："我致力于恢复中原，如果过于安逸，恐怕担当不了大事。"甓（pì）：砖。

乐此不疲 沉迷其中觉得很有乐趣，不感到疲倦。刘秀统一全国后，决心改革弊政，直到60多岁，还是勤于理政，天天劳累到深夜。太子劝他爱惜身体，保养精神，他说："我感到很有乐趣，一点也不疲惫。"

动心忍性 指人的意志和性格受到锻炼。孟子曾说："天将降大任于斯人也，必先苦其心志，劳其筋骨，饿其体肤，空乏其身，行拂乱其所为，曾益其所不能。"

孔武有力 非常勇猛有力。孔：很。

起居有常

颜斶拒奢，

安步当车；

阿瞒退朝，

汗流浃背。

起居有常，

夙兴夜寐；

走及奔马，

健步如飞。

安步当车

颜斶拒奢，安步当车　战国时齐国文士颜斶(chù)，性情刚烈又很有才华。一次齐宣王召见颜斶，说欢迎他常来宫内两人一起玩乐。颜斶却不感兴趣，说："晚食以当肉，安步以当车，无罪以当贵，清静贞正以自虞。"安步当车：慢慢地走，当作坐车。

阿瞒退朝，汗流浃背　三国时曹操，字孟德，小字阿瞒，汉献帝时任丞相。他担心献帝谋臣赵彦会在献帝面前说他坏话，便寻机杀掉了赵彦。献帝非常气愤，一次，曹操觐(jìn)见他时，他教训了曹操一顿，出来时，曹操吓得汗流浃背。汗流浃背：汗水湿透了脊背。形容受热或受惊而流汗很多的样子。

夙兴夜寐　起早睡晚，形容十分勤劳。夙(sù)：早。兴：起来。寐(mèi)：睡。

走及奔马　跑的速度可能赶得上马的奔跑。形容跑得很快。

仁身谣

善自珍重

掉以轻心

相如谏谏，
坐不垂堂；
班彪通儒，
行不逾方。
善自珍重，
平安吉祥；
掉以轻心，
惹祸招殃。

探源释义

相如谏谏，坐不垂堂 西汉蜀郡成都人司马相如，口吃但善于写文章。他担任官职又不愿意同公卿们一起议事，常常称病在家。他见皇上贪恋打猎，便上疏劝谏说："祸患多半隐藏在暗蔽之处，发生在人们疏忽之时，谚语说：'家累千金，坐不垂堂'。此言虽小，可以喻大。"坐不垂堂：不在屋檐下坐着，以防瓦片掉下来砸伤。比喻不在危险地方停留。垂：将近。

班彪通儒，行不逾方 东汉史学家班彪，通晓经史，是汉代大儒之一，曾为《史记》续作后传。他的行为都遵守儒家正统道德标准，从不逾越一点规矩。行不逾方：行为不逾越正轨。方：正。

善自珍重 好好地保重自己。善：好好地。

掉以轻心 形容漫不经心，态度轻率。唐朝著名文学家柳宗元，接到青年韦中立的拜师信，很高兴。他回信说："我每次做文章，都不敢以轻心掉之。"韦中立得到指点，进步很快，后来也中了进士。掉：摆弄，随便。

三、义 篇

　　义是正义，即合宜的道理。社会很复杂，各种社会现象，各种社会集团或个人的行为，有正义的，有非正义的。认识这复杂纷纭的社会，要有火眼金睛，认清什么是正义，什么是非正义，为什么是正义，为什么是非正义，才能使自己有清醒的头脑，从而毫不犹豫地站在正义的一边。如果把正义当作非正义，或把非正义当作正义，不仅大错特错，而且会给社会带来危害。我们立德修身，首要的任务就是要认识正义，并在此基础上维护正义、坚持正义。认识正义本身就是一种可贵的品质，只有通情达理的人，遇事度知长短、审时度势的人，才能深明大义。

　　真正认清正义与非正义，要在义与利、公与私的取舍中经得起考验。生活在经济社会的大环境里，不能说什么利都不要，关键是要见利思义、利缘义取，而不能见利忘义、唯利是图。在义利、公私的取舍上有了正确的决断，才能坚持俭以养德的精神，养成清廉正直的品质，达到知足常乐的境界。

　　认清了正义与非正义，就要有坚持正义和弘扬正义的决心与行动。所谓坚持正义，就应该在自己的工作岗位上守职尽责，谨言慎行，那种急于追求富裕享乐的躁动，无时不在的物质利益的引诱，迷信金钱万能的陷阱，随时都会让你利欲熏心，玩忽职守，从而跌入非正义的深渊。所谓弘扬正义，就要人人从我做起，知荣明耻，一鼓作气，把大公至正、守正不阿当作自己做人行事的信条，这样每一个人的模范行为就会感动全社会，社会上的正义，就会不断得到弘扬光大。

　　国家是社会正义的总维护者,每一个社会的人都要忠于他的祖国。我们中华民族有着爱国的光荣传统,历史上无以数计的爱国英雄就是明证。他们爱国如家、尽忠报国,遇到敌人侵略英勇抵抗,遭到灾害袭击奋力抢救,为了民族独立而不惜牺牲,为了国家富强而不懈奋斗。这完全是正义之举。只有国家独立自主、繁荣富强,人民群众才能发挥自己的聪明才智,过上自由幸福的生活。因此,忠于祖国才是最大的正义,忠诚的品质才是最可贵的品质。那种把个人利益或家庭利益置于国家利益之上,那种把江湖义气、小集团义气甚至三五个人的"哥们"义气置于国家法律和社会公德之上,忘掉了对于祖国应尽的忠诚,在他们的身上就无正义可言了。

　　维护正义、坚持正义还要具有一种勇敢刚毅的优良品质。在情况错综复杂的时候,能够排除干扰、当机立断;在困难与挫折接踵而至的时候,能够义无反顾、百折不挠、无所畏惧。只有这样,才能有效地维护正义和坚持正义,在正义与非正义搏斗的洪流中,始终是一座中流砥柱。

通情达理

息君伐郑，

不自量力；

华歆逃难，

有情有义。

世事洞明，

通情达理；

木本水源，

其来有自。

不自量力

探源释义

息君伐郑，不自量力　春秋时息国是个小国，与旁边郑国比，就像是把一个鸡蛋放到一块大石头上。一次，息国和郑国发生了冲突，息君扬言要攻打郑国。有臣子劝他不要轻举妄动，息君还是出了兵，结果被郑国打得大败，楚国又乘机吞并了息国。人们说息国是不自量力，自取灭亡。

华歆逃难　东汉人华歆(xīn)，一次与王朗乘船避难，这时有人也要乘船，因为逃难在急，华歆不想让他上船。王朗说船上还有空地方，可以让那人上船。不一会儿，有强盗追来要捉那人，王朗这时想抛掉那人，华歆说："既然接受了，怎么能抛弃呢？"于是仍然带着那个人，共同逃离开了。

世事洞明　对于人世间的各种事情，都看得透彻明白。洞明：通晓，明了。

其来有自　指事情的发生、发展有他的来由。

明义谣

度知长短

剖腹藏珠

剖腹藏珠，
胡商命丧；
石牛粪金，
蜀侯国亡。
权知轻重，
度知长短；
兼善天下，
呼应八方。

探源释义

剖腹藏珠,胡商命丧　唐朝时西域一名胡商,有几颗名贵的珍珠,想卖个好价钱,但怕一路上人家抢劫,便忍痛剖开肚皮把珍珠藏在里面。他千里迢迢来到长安,用小刀再剖开肚皮取出珍珠,不料出血过多,竟然不治身亡。剖腹藏珠:比喻为物伤身,舍本求末。

石牛粪金,蜀侯国亡　故时蜀国很富,秦国想吞并蜀国,针对蜀侯好贪便宜的心理,雕刻一头大石牛放在蜀道上,并不断前移,在路过的地方放置一块块黄金,说是石牛能屙黄金,只要修通蜀道,就送给蜀侯。蜀侯果真修路,秦兵也就随路迈进,消灭了蜀国。石牛粪金:比喻贪小利而遭受大的损失。粪:屙。

权知轻重,度知长短　称一下才知道轻重,量一下才知道长短。比喻要对事物作出正确判断,必须先察明情况。权:秤锤,称量,权衡。

兼善天下　使天下人都得到好处。兼:同时。

审时度势

李靖出征，

不失时机；

夏臣改年，

不合时宜。

审时度势，

用天因地；

与时俱进，

与世推移。

不失时机

李靖出征,不失时机 唐朝初年大将李靖,上书建议攻打长江中游称帝的萧铣。有人认为正值汛期,太危险。李靖则认为,萧铣正是利用这点,现在要趁他麻痹去打他,结果李靖大胜。后来攻打突厥首领颉利可汗,颉利可汗求和,李靖分析他是假和,主张一举歼灭,李靖又不失时机奔袭,生擒颉利可汗。

夏臣改年,不合时宜 西汉末年,汉哀帝刘欣经常生病,朝中一个大臣夏贺良想讨好哀帝,上奏说皇上生病是上天发出警告,因而必须改变年号。哀帝准奏后将建平改为太初。但哀帝还是生病,夏贺良的话没有应验,哀帝很恼怒,下诏说:"夏贺良的话违背天意,不合时宜。"不合时宜:不合乎时势的需要。

用天因地 利用天时,顺乎地利。指善于根据客观条件办事。因:依顺。

与世推移 随着时代或形势的变化而变化,以合时宜。

深明大义

师出无名

关公走吴，
命缘义轻；
项羽称霸，
师出无名。
深明大义，
心如古井；
当仁不让，
傲世妄荣。

探源释义

关公走吴 关公在麦城兵败之后，又当夜直奔临沮，因遇吴军埋伏，与儿子关平都被俘获。吴主孙权审讯关羽，关羽大义凛然地说："我与刘皇叔桃园结义，誓扶汉室，怎能与你这般叛贼之贱为伍呢？我今误中奸计，有死而已，何必多言！"

命缘义轻 生命由于崇高的道义而显得轻微。比喻为了道义可以牺牲一切。

项羽称霸，师出无名 秦朝末年，刘邦、项羽都向咸阳进发，按规定，谁先入咸阳，谁就当秦王。刘邦先攻入咸阳未敢贸然乱动，项羽后入咸阳却自封霸王，并杀了楚怀王。刘邦部下的董公说："臣闻顺德者昌，逆德者亡。兵出无名，事故不成。你乘此率军征伐吧！"师出无名：出兵打仗而没有正当的理由。

心如古井 内心像久已平静无波澜的枯井。比喻心境平静坚定，不为任何欲念所动。

傲世妄荣 形容不屈于世俗，鄙弃荣华富贵。妄：胡乱，不在意。

取义谣

利缘义取

秦王毁约，

唯利是视；

鲁相奉公，

拔葵去织。

利缘义取，

见利思义；

富贵不淫，

贫贱不移。

唯利是视

探源释义

秦王毁约，唯利是视 春秋时，秦、晋两国在令狐定了和好的盟约。不久，秦国又与狄人、楚国联合，鼓励他们去攻打晋国。晋国派吕相使秦，吕相和秦桓公激烈争论，吕相说："大王过去就说过，秦国同晋国交往，就是唯利是视。"随即，晋国同秦国绝交了。唯利是视：也作"唯利是图"，一心求利，不顾其他。

鲁相奉公，拔葵去织 春秋时鲁国相国公仪休，见妻子织布，一怒之下将妻子赶出家门；吃饭时发现自家种有葵菜，到园中将其全部拔光。他训斥家人道："我们吃有国家俸禄，怎么能和种菜与织布的人争利呢？"拔葵去织：形容为官清廉，不与民争利。葵：古代一种常用蔬菜。

利缘义取 利益顺着道义而取。缘：沿着，顺着。

富贵不淫，贫贱不移 高官厚禄不能使我生活放纵，家贫位卑不能使我意志动摇。孟子曾说："富贵不能淫，贫贱不能移，威武不能屈。此之谓大丈夫。"表现了孟子重义轻利的义利观。

俭以养德

一琴一鹤

颜渊乐贫，

箪食瓢饮；

赵卞赴任，

一鹤一琴。

俭以养德，

节用谨身；

君子固穷，

贵无常尊。

探源释义

颜渊乐贫，箪食瓢饮　孔子的学生颜回，字子渊，生活俭朴，品德高尚，孔子称赞他说："颜回多么贤德啊！一筐饭，一瓢水，住在破陋的小巷里。一般人都无法忍受这种忧苦，颜回却不改变他的自得其乐。贤德啊，颜回！"箪食瓢饮：形容清贫的生活。箪（dān）：古时盛饭用的圆形竹器。食（sì）：拿东西给人吃。

赵卞赴任，一鹤一琴　宋朝人赵卞，非常清廉节俭，奉命赴蜀地上任，只携带一把古琴装在袋子里，一只白鹤放在竹楼里，再没有别的行装了。宋神宗赞扬他说："希望你到任后，廉俭办事，就像这行装一样。"一鹤一琴：即"一琴一鹤"，形容行装简单。

君子固穷　君子能够安贫乐道，不失节操。孔子周游列国，在陈国绝了粮，随从的学生面有饥色。子路问孔子："君子会遇到穷困吗？"孔子说："君子固穷，小人一穷就什么事都干得出来。"

贵无常尊　人不可能永远处在尊贵的地位。

廉明公正

羊续悬鱼，

钟离委珠，

于谦进京，

清风两袖。

廉明公正，

激贪厉俗；

不忮不求；

不吐不茹。

两袖清风

羊续悬鱼　形容为官清廉，不受贿赂。东汉人羊续任南阳太守时，对权豪之家奢靡的生活极为痛恨。府丞贿赂他送来鲜鱼，羊续收下后挂在门庭的上方。后来府丞又送来鱼，羊续指着悬挂的鱼让他看，表示自己不受贿赂。

钟离委珠　比喻拒收不义之财。东汉人钟离意，任过尚书之职，却从不收不义之财。一次交阯太守张恢因贪污被惩治，皇帝将他的赃物赏赐给群臣，钟离意认为这属不义之财，便把赏得的珠宝抛在地上。委：抛弃。

于谦进京，清风两袖　明朝时于谦曾任过地方官。当时地方官要向京城的上司送礼行贿。这年轮到于谦进京，他把百姓疾苦、要求和治理计划整理好，什么礼品都没带。他在诗中写道："清风两袖朝天去，免得闾阎（指民间）话短长。"清风两袖：也作"两袖清风"，比喻为官清廉，没有积蓄钱财。

不忮不求　不嫉妒，不贪婪。指做人的一种美德。忮（zhì）：嫉妒。

不吐不茹　不吐硬的，不吃软的。比喻公正无私，软硬都不怕。茹（rú）：吃。

取义谣

知足常乐

得陇望蜀

光武心高，

得陇望蜀；

若思置水，

知足无求。

知足常乐，

知止不辱；

视富如贫，

清心寡欲。

探源释义

光武心高，得陇望蜀　光武帝刘秀很重用大将军岑彭，岑彭攻下天水之后接着围攻西城。刘秀写信给岑彭说："人不知足，既平陇，又望蜀。"岑彭接信后，积极实现"得陇望蜀"的计划，终于将两个地方都收复了。得陇望蜀：今比喻得寸进尺，贪心不足。陇：今甘肃省东部。蜀：今四川省西部。

若思置水，知足无求　唐朝时库部郎中孔若思，常放一石（dàn）水在座旁，表示心如止水，知足无求。年轻时有人把书法家褚遂良的数卷真迹送给他，他只肯接受一卷，那人说这是稀世珍品，他又把这一卷截去一半还给人家，并说："既然是真迹，我留一半就够了。"知足无求：知道满足，就不会有其他索求。

知止不辱　知道停止，就不会遭到羞辱。

视富如贫　把富有看成和贫困一样。形容对贫富不在意，不放在心上。

秉义谣

尽职尽责

晋文斩颠，

行如流水；

孔明效蜀，

死而后已。

尽职尽责，

鞠躬尽瘁；

不屈不挠，

不遗余力。

不遗余力

探源释义

晋文斩颠，行如流水　春秋时，晋文公刚即位，一些老臣不服。晋文公决心整治朝臣作风。一天，他下令朝臣来宫，老臣颠颉姗姗来迟，并说知道无事，所以就迟到了。晋文公让法官判腰斩之刑，朝臣无不惊愕。从此晋文公下达命令，将士们都奋勇向前。行如流水：行走时就像流水一样冲向前方。形容纪律严明。

孔明效蜀，死而后已　诸葛亮，字孔明，任蜀国丞相，先后辅佐刘备、刘禅，尽心尽力，积劳成疾，他上了一篇《后出师表》，文中说："臣鞠躬尽瘁，死而后已，至于成败利钝，非臣之明所逆睹也。"鞠躬尽瘁：形容恭敬勤谨，尽心竭力地操劳工作。死而后已：形容人为某项事业奋斗不息，直至死去。

不遗余力　把所有的力量都使出来。战国时，秦军入侵赵国，赵王认为秦不遗余力攻赵，只得割地求和，但虞卿力主联合诸侯抗秦，最终逼使秦国退兵求和。

思不出位

一丝不苟

邹忌论琴，

纲纪重整；

洪皓斥奸，

词严义正。

思不出位，

使不辱命；

一丝不苟，

各尽其能。

探源释义

邹忌论琴　战国时，齐国威王刚即位，不问政事。一天，琴师邹忌求见，说来献艺。但见了威王，邹忌并不弹琴，只空说琴理。邹忌还趁机说："大王见我拿琴不弹，有点不乐意吧？怪不得齐国人瞧见大王拿着齐国的大琴，九年未弹一回，都有点不乐意啊！"威王恍然大悟，便同邹忌谈起整顿朝政的大事来。

洪皓斥奸，词严义正　南宋人洪皓，奉命出使金国，金人强迫他为汉奸刘豫做事，洪皓义正词严地说："我万里奉命而来，不能陪徽钦两宫南归，只恨自己无力杀死奸贼刘豫！"金人将他流放冷山，历尽万难才回南宋。词严义正：即"义正词严"，道理正确，措辞严肃。

思不出位　所思所虑，不超越本位。表示考虑问题要在本职范围之内。

一丝不苟　形容办事认真。明朝时，皇上禁止宰牛。有乡人送来50斤牛肉给汤知县，乡绅张静斋劝汤知县不但不收，还重惩送牛肉的乡人，这样，皇上知道你如此一丝不苟，就会重加奖赏。汤知县心知肚明，高兴地照办了。

谨言慎行

《诗》有箴语：

临深履冰；

《礼》出规词：

谨言慎行。

知高识低，

敬始慎终。

知微知彰，

持满戒盈。

临深履冰

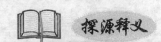

《诗》有箴语，临深履冰　西周末年，周幽王腐败昏庸，他所实行的邪僻政策，已把国家引到了灭亡的边缘，人们感到危机四伏，战战兢兢。《诗经》中记载了这种情形："战战兢兢，如临深渊，如履薄冰。"临深履冰：比喻处境十分艰险，必须十分小心谨慎。履：踏，踩。

《礼》出规词，谨言慎行　孔子的儒学，讲如何修身如何治理国家的大事。《礼记》中引用孔子的话说："君子以言语引导人民向善，以行动制止人民作恶。所以，说话时必定考虑最终的结果，行动时必定核察可能的弊端，那么人民就会谨言慎行。"谨言慎行：说话和行动都小心谨慎。

知微知彰　既能看到事物的隐蔽征兆，又知道事物发展的显著后果。微：征兆，迹象。彰：显著。

持满戒盈　端着盛满水的器皿要小心外溢。比喻得势须更加谨慎。盈：溢出。

秉义谣

从容不迫

从容不迫

孔明空城，

笑容可掬；

谢安折屐，

应付欲如。

从容不迫，

悠游容与；

优哉游哉，

不亦乐乎？

探源释义

孔明空城，笑容可掬 三国时，蜀国大将马谡不听诸葛亮指挥，败失街亭。魏将司马懿攻占街亭后，直奔西城而来。这时诸葛亮身边只有一些文官，诸葛亮知道，逃跑也来不及了，他索性登上城楼，焚香抚琴，来一个空城计。司马懿见诸葛亮坐在城楼上，笑容可掬，旁若无人，疑有埋伏，急忙退兵。笑容可掬：形容满脸笑容。掬：用双手捧取。

谢安折屐 东晋时，宰相谢安与人对弈，当收到淝水之战的捷报，仍不动声色，依然下棋。旁人问他什么事，他悠闲自在地说："小儿辈（指谢琰）已破贼。"棋下完后，他终于按捺不住喜悦，将木屐(jī)的齿都折断了。

从容不迫 形容不慌不忙，镇静沉着。庄子和惠子在濠水岸边观鱼，庄子说："鱼在水中游得多快乐！"惠子说："你怎么知道？"庄子说："鱼其实跟我们一样，悠闲自在，也在从容不迫地游戏观望。"

优哉游哉 从容不迫，悠闲自得的样子。哉：文言语气词，表感叹。

弘义谣

知荣明耻

董狐直笔，

非非是是；

文山正气，

义尽仁至。

不饮盗泉，

不受嗟食；

秉节持重，

知荣明耻。

不受嗟食

探源释义

董狐直笔，非非是是　春秋时晋国相国赵盾，见晋灵公残忍无忌，其子杀了晋灵公。新王接位后，赵盾复任相国，太史董狐在史书上写道："赵盾弑其君。"赵盾要求更改，董狐说："是是非非，称为信史。我头可断，这个不能改。"非非是是：即"是是非非"，肯定正确，否定错误。指能正确评定是非曲直。

文山正气，义尽仁至　南宋右丞相文天祥，号文山，元人劝他投降，他说："我身为宋朝宰相，怎能再事二主？"就义前，他藏一纸在衣袋内，写道："孔曰成仁，孟曰取义，惟其义尽，所以仁至。"义尽仁至：也作"仁至义尽"。有了正义，就有了仁德。今义表示对人的帮助尽了最大的努力。

不饮盗泉　比喻为人正直廉洁。孔子讨厌"盗泉"的名字，虽渴却不饮。盗泉：古泉名，在山东泗水县。

不受嗟食　比喻不接受带侮辱性的施舍。春秋时齐国遇灾，富翁黔敖在路上设粥赈贫，对一个饥饿的人喊："嗟，来食！"饿者回答说："我正是因为不吃嗟来之食，才到了这个地步。"最终这个人硬是饿死了。

一鼓作气

一鼓作气

张飞将兵，
敢勇当先；
夏侯虎步，
所向无前。
高歌猛进，
跃马扬鞭；
一鼓作气，
猛虎下山。

探源释义

张飞将兵，敢勇当先 三国时，刘备手下有关羽、张飞、赵云等将，军事上颇占优势。张飞是一员猛将，每作战时都敢勇当先，指挥果断，立有无数战功。"敢勇当先"指作战英勇，冲锋向前。

夏侯虎步，所向无前 东汉末年，宋建见朝廷衰败，便在枹（bāo）罕称王。曹操为统一全国，命大将夏侯渊重兵驻守长安。夏侯渊先剿灭宋建的盟军韩遂的队伍，接着进军枹罕，一个月后攻破城池，斩掉宋建。曹操称赞夏侯渊"虎步关右，所向无前"。虎步：举止威武，雄于一方。所向无前：指所到之处，没有人能阻挡其前进。形容力量强大，锐不可当。

跃马扬鞭 跳上马背扬起鞭子，形容飞快前进。

一鼓作气 原指战斗开始时，擂第一通鼓士气最盛。后比喻趁劲头十足一下子把事情做完。春秋时，齐国攻打鲁国，曹刿精通兵法，请见鲁庄公要求临阵助战。齐军擂第一次鼓时，曹刿阻止还击，齐军再擂鼓，曹刿仍阻止还击，齐军第三次擂鼓，曹刿视其辙乱旗靡，便让鲁军还击冲杀，结果大胜。

大公至正

黄羊荐子，

大公至正；

祭遵谦约，

克己奉公。

言不苟合，

行不苟容；

舍生取义，

水洁冰清。

大公至正

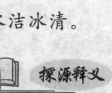

黄羊荐子，大公至正　春秋时晋国大臣祁黄羊，品德高尚。南阳缺县令，祁黄羊推荐解狐，晋平公说："解狐不是你的仇人吗？"祁黄羊说："你问我谁可以当县官，没有问谁是我的仇人。"后来朝廷缺法官，祁黄羊推荐祁午，晋平公说："祁午不是你的儿子吗？"祁黄羊说："你问谁可以做法官，并没问谁是我的儿子。"孔子评论祁黄羊"大公至正，没有私心"。大公至正：极其公正。至：极。

祭遵谦约，克己奉公　东汉人祭遵，在刘秀军中任军市令，管理军营纪律。一次，刘的卫士到街上胡作非为，祭遵将他处了死刑。刘秀不高兴，经过一个大臣劝谏后，刘秀还封祭遵为将军。《后汉书》评价祭遵"谦约小心，克己奉公"。克己奉公：克制自己的私欲，以公事为重。

言不苟合，行不苟容　说话不随便迎合他人，行为不随便与人同流合污。形容人品端正廉直。苟：随便。

弘义谣

守正不阿

宁为玉碎

屈原怀国，

九死未悔；

景皓守姓，

宁为玉碎。

守身如玉，

不亢不卑；

守正不阿，

无怍无愧。

探源释义

屈原怀国，九死未悔　战国时伟大诗人屈原，楚国人，曾任左闾大夫，他学识渊博，热爱祖国，后受楚怀王近臣谗毁，被逐出朝廷，流放到洞庭湖一带。他的不朽诗篇《离骚》，表达了他怀念祖国的心情："余心之所善兮，虽九死其犹未悔。"九死未悔：多次去死也不后悔。形容意志十分坚定。

景皓守姓，宁为玉碎　南北朝时北齐高洋称帝，对东魏元氏宗室进行迫害，共处死七百多人。定襄令元景安要求高洋让他们脱离元氏，改姓高氏，陈留王元景皓是元景安堂兄，坚决反对改姓，他说："怎么能抛弃自己的本姓呢？大丈夫宁可玉碎，不为瓦全！"宁为玉碎：比喻愿为正义而死，不愿屈辱苟活。

守身如玉　保持自己的节操，使像美玉一样洁白无瑕。

不亢不卑　也作"不卑不亢"。既不傲慢，也不自卑。亢(kàng)：高傲。

忠义谣

爱国如家

玄高爱郑，

牛饩退兵；

墨翟忠宋，

萦带全城。

父母之邦，

人杰地灵；

爱国如家，

一片至诚。

人杰地灵

探源释义

玄高爱郑，牛饩退兵　郑国商人玄高，在邻地滑国遇上了秦军，判断一定是来偷袭郑国。情急之时，他果断拿出 12 头牛，装扮成郑国使者，特地来犒劳秦军。他又派人回去报信，郑君先驱逐原来驻扎在郑国的秦军，来敌见势不妙只得撤军。牛饩退兵：即"牛饩退敌"，赠送牛使敌人撤退。赞扬爱国精神和智慧。饩(xì)：赠送。

墨翟忠宋，萦带全城　战国时思想家、政治家墨翟，宋人，主张兼爱，反对战争。楚荆王想攻宋国，命工匠公输般制云梯。墨翟赶来楚国，劝荆王不要出兵，并与公输般摆起了擂台。墨翟解下腰带围作城，公输般用云梯攻城，结果墨翟九守九赢。荆王这才取消了攻城的计划。萦(yíng)：围，缠绕。全：使保全。

人杰地灵　指杰出的人物出生地或到过的地方就会成为名胜，也指灵秀之地产生杰出人才。唐朝著名诗人王勃，曾参加洪州阎都督滕王阁落成典礼，当场写了一篇《滕王阁序》，文中说："物华天宝，龙光射牛斗之墟；人杰地灵，徐孺下陈蕃之榻。"大家听了无不称好。

忠义谣

精忠报国

精忠报国

昭君出塞，

以身许国；

岳飞抗金，

精忠报国。

义薄云天，

忠贯日月；

名标青史，

功垂竹帛。

探源释义

昭君出塞 西汉元帝时，汉朝与匈奴和亲，对于安定国家局势、缓和民族矛盾起了很大作用。宫女王嫱，本名昭君，知书达理，琴画皆能，得知朝廷征选宫女嫁给匈奴，她主动要求去。出嫁匈奴后，昭君很受尊重，为民族经济文化发展做出了贡献。出塞(sài)：到长城以北地区。

岳飞抗金，精忠报国 南宋汤阴人岳飞，是抗金民族英雄。宋徽宗时，黄河以北地区被金兵占领，徽宗、钦宗父子都被金兵扣押。岳飞从小就有报国之志，母亲也时常鼓励，对儿子说："你立志报国，我给你背上刺几个字吧。"岳飞又忠又孝，马上脱衣让母亲刺上"精忠报国"四个大字。后来岳飞抗金屡立战功，被奸臣秦桧害死。精忠报国：竭尽忠心，报效国家。精：精诚。

义薄云天 正义之气逼近云霄。形容人气节高昂。薄：迫近。

功垂竹帛 功绩记录在史册上，永远流传。垂：流传。竹帛：竹简和白绢。

忠义谣

多难兴邦

商鞅修刑，
变法图强；
司马论政，
多难兴邦。
拨乱反正，
生息休养；
逢凶化吉，
浸明浸昌。

多难兴邦

探源释义

商鞅修刑，变法图强 战国前期，秦国并不强大，而且动荡不安。秦孝公为了振兴秦国，下令求贤。卫国人商鞅应征到秦。商鞅是法家代表人物，主政后两次修改刑律，强化法令，实行社会改革，变法图强，结果秦国经济发展，国势增强。变法图强：通过改革和加强法制使国力增强。

司马论政，多难兴邦 春秋时，晋、楚两国都想称霸。晋平公请大夫司马侯商量对策。司马侯举了齐桓公、晋文公多难兴邦的例子，说明多灾多难，反而会促进内部团结，发愤图强，很快就兴盛起来。晋平公采纳了司马侯的意见，让楚王以盟主自居，忘乎所以。最终霸主还是归于晋国。多难兴邦：国家多灾多难，反而能激发人民发愤图强，使国家兴盛起来。

拨乱反正 治理混乱局面，恢复正常的秩序。拨：平定，治理。反：回复。

生息休养 即"休养生息"。指大动乱之后安定秩序，减轻负担，发展生产，以恢复元气。生息：繁殖人口。

浸明浸昌 逐渐明显而至于兴旺昌盛。浸：渐渐。

励精图治

励精图治

宣帝除霍，
励精图治；
镇周赠帛，
铁面无私。
治标治本，
有张有弛；
开雾睹天，
拨云见日。

探源释义

宣帝除霍，励精图治 西汉宣帝刘询即位后，大将军霍光势力庞大，霍光病死后，宣帝针对霍氏势力仍是朝廷祸害的危急情势，便先发制人，将朝中霍氏满门抄斩，然后亲理朝政，励精图治，发展生产，使西汉中兴。励精图治：振奋精神，力图把国家治理好。励：也作"厉"，磨炼，振奋。

镇周赠帛 唐朝人镇周被任命为都督，他召集朋友酬宴十日，又分别赠与金帛，流着泪说："今日还能与故人欢饮，明日就要为官了。王法私情不能两重，犯了王法，就要治罪了。"从此，他为政清廉严谨，境内秉公执法，秩序井然。

治标治本 既治表面，也治根本，形容彻底根治。标：事物的枝节或表面。

有张有弛 即"一张一弛"，原指周文王和周武王治理国家的办法是有严有宽，宽严相济。现泛指处理事务合理安排，适当调节，有紧有松。

拨云见日 也作"开云见日"。拨开云雾，现出太阳。比喻送走黑暗，迎来光明。也指消除误会，释去疑窦。

当机立断

项羽渡江，

破釜沉舟；

韩信临河，

背水一战。

英雄本色，

当机立断；

壮士解腕，

毅然决然。

破釜沉舟

项羽渡江，破釜沉船 秦末时，楚怀王命上将宋义、副将项羽去解救赵国，宋义贪生怕死，未过河就停滞不前。项羽按楚王命令，杀了宋义，率军渡河。全部人马过河以后，项羽命令砸破饭锅，凿沉船只，每人只发三天干粮，誓不后退。结果将士个个勇猛，打得秦军落花流水。破釜沉舟：比喻下最大决心，一拼到底。釜（fǔ）：锅。

韩信临河，背水一战 西汉初年，韩信率军攻打赵国，在井陉相遇。韩信一面派骑兵埋伏，一面调集人马沿河摆阵，引诱赵军出战。有人怀疑背水作战很危险，但韩信先传令汉军诈败，赵军出击后，埋伏的骑兵扑向赵军，使赵军大败。韩信说："背水一战，将士不得不拼命冲杀，我们才打了这次胜仗。"背水一战：比喻面临绝境，为求出路而奋力作最后一搏。

壮士解腕 勇士自己截断被毒蛇咬伤的手腕，以防止毒液蔓延危及生命。比喻在紧急关头，能当机立断。

勇义谣

义无反顾

义无反顾

赵普治国，
半部《论语》；
边士怀怒，
义无反顾。
遇水搭桥，
逢山开路；
知者不惑，
勇者不惧。

探源释义

赵普治国，半部《论语》 宋朝两任宰相赵普,学问虽不很多,但读一部书就发愤钻研,非把其中的精髓掌握不可。一次,宋太宗问他:"有人说你只读一部《论语》,真的吗?"赵普说:"臣平生所知,确实不超出一部《论语》。过去臣以半部《论语》辅佐太祖平定天下,现在臣用半部《论语》辅佐陛下,使天下太平。"赵普去世时,箱中果真只有一部《论语》。

边士怀怒,义无反顾 西汉时司马相如,受汉武帝之命写一篇文告安抚蜀地百姓。文中说:"边郡之士,一旦上了战场,就应该迎着刀刃和箭镝而上,义无反顾。人怀怒心,如报私仇。"义无反顾:为正义勇往直前,决不退缩回顾。反:同"返",回。

遇水搭桥,逢山开路 比喻在前进的道路上积极想方设法,不达到目的不罢休。

知者不惑 聪明的人不至于疑惑。知:同"智",聪明。

勇义谣

百折不挠

王霸效汉，

疾风劲草；

乔玄惩恶，

百折不挠。

胸怀大志，

安能折腰？

胸吞云梦，

赴火蹈刀。

百折不挠

探源释义

王霸效汉，疾风劲草 刘秀在河南许昌时，收留了小吏王霸。这王霸很有志气，又很忠诚，作战卖力，受到了刘秀的重用。刘秀进攻河北，一些将领离他而去，王霸却和以前一样侍奉前后。在邯郸被围时，王霸奋力救出刘秀。刘秀感慨地说："唯你独留我身边，疾风知劲草。"疾风劲草：即"疾风知劲草"，比喻在极困难的时候才能显示出一个人的坚强意志。

乔玄惩恶，百折不挠 东汉人乔玄，当汉阳太守时，属下皇甫祯贪赃枉法，乔玄下令拘捕查证，核实后处以死刑。一次，盗贼绑架了他的十岁小孩，几天后强盗来敲诈他，乔玄不顾孩子安危，让兵士抓住盗贼，结果盗贼杀害了孩子。蔡邕曾赞扬乔玄，说他有"百折不挠，临大节而又不可夺之风"。挠(náo)：弯曲。

安能折腰 即"安能摧眉折腰"。表示不愿屈服，意志坚定。唐朝诗人李白在《梦游天姥吟留别》中写道："安能摧眉折腰事权贵，使我不得开心颜！"

胸吞云梦 比喻胸怀博大，气度恢弘。云梦：古泽名，今湖北潜江一带。

勇义谣

无所畏惧

一身是胆

赵云气壮，

一身是胆；

樊哙心雄，

斗酒彘肩。

无所畏惧，

倒海排山；

势如破竹，

铺地盖天。

探源释义

　　赵云气壮，一身是胆　三国时，蜀军和魏军在汉水作战，诸葛亮派老将黄忠打前阵，派少将赵云殿后。赵云先让黄忠脱围，然后埋伏营内，自己则守着等曹军来。曹军见只有赵云一人，不敢进攻，只得收兵。这时赵云伏兵四起，大败魏军。刘备封赵云"虎威将军"，称他"一身是胆"。

　　樊哙心雄，斗酒彘肩　秦朝末年楚汉相争时，项羽在鸿门设宴，企图趁机杀害刘邦。刘邦带谋士张良和随车勇士樊哙同往。席间，项羽让樊哙喝酒食肉，樊哙当场喝下一大碗酒，吃下一条生猪腿，豪气震慑席间，项羽手下一直未敢下手，这时，刘邦也找了借口回到汉营。斗酒彘肩：形容性情豪壮，勇敢无畏。斗：古代盛酒器具。彘(zhì)：猪。

　　势如破竹　比喻节节胜利，毫无阻碍。西晋时，平东将军杜预率军征伐吴国，遇上梅雨季节，有人建议待秋天再打。杜预说："今兵威震，劈如破竹，数节之后，皆迎刃而解。"于是，晋军一鼓作气，很快灭掉了吴国。

四、礼 篇

　　人们对于礼，曾经有过种种偏见和误解。有人说礼是封建主义糟粕，有人说礼是资产阶级虚荣，还有人说礼约束了人的思想，妨碍了新的社会秩序的建立，似乎礼是万恶之源，人民群众就不应该有礼，今天的时代就不应该接受礼的规范。

　　我们知道，"礼"与"理"虽然字源不同，但字义却有表里的联系。"礼"是"理"的表现形式，"理"是"礼"的内在依据，每一种"礼"都反映了一种"理"的存在，每一种"理"都会有一种"礼"的载体。在奴隶社会和封建社会，要维护奴隶主、地主阶级的统治，就要有严格的等级制度和适应这种制度的礼；资本主义废除了许多不适合他们需要的礼，又产生出一套适合于他们需要的礼；今天我们为了营造新的和谐社会关系，也还要有一套适应这种社会关系所需要的礼。中国是礼仪之邦，礼是中华民族的优良传统，我们应该发扬光大才是。

　　礼，有礼仪、礼节、礼法之分。个人自身的礼是礼仪，人与人之间的礼是礼节，维系整个社会的礼是礼法。一个人的形象，除了天生的资质之外，还有一个自我塑造的问题。按照一定道德审美标准进行礼仪的训练，就能塑造出既文质彬彬、仪表堂堂、英姿勃勃、举止端庄，又各有个性特质的形象来，这样的形象不仅靓丽，而且受人尊敬。

　　人与人之间，应该讲究礼节，做到彬彬有礼、相敬如宾，用人者还要礼贤下士，普通百姓也提倡礼尚往来。这不是虚伪、烦琐，而是表示互相尊重,彼此都按规矩办事。至于整个社会,就要通过礼法的实施,达到井然有序、令行禁止,执法者不徇私情,守法者洁身自爱,这样的社会才能和谐运转。

美好的社会生活,有赖于礼仪、礼节、礼法的调适,更需要礼艺来提升。音乐、舞蹈、戏曲、绘画、书法等艺术形式,观光、游览、鉴赏、表演等文化活动,能帮助我们扩大视野,陶冶情操,培育道德,健康身心,美化生活,和谐社会。随着社会的不断发展和人民群众物质生活的迅速提高,礼艺愈来愈成为人们文化生活中的必需品。

每一个时代都需要一定的礼的形式,而且随着时代的前进,礼的形式也在不断变化。我们应该有这种礼变意识,保持不法常可、举一反三、推陈出新、随机应变的思想境界,这样,你就不会觉得孔子时代的礼非要在今天使用,也不会埋怨那个时代的礼为何那么烦琐严苛,而且更不会因噎废食,认为今天的时代就不需要任何的"礼"了。

一个社会总是要和谐的,人与人之间和睦相处总是任何社会、任何时代所需要的。万变不离其宗,择交而友、见贤思齐、敬老慈少、和睦相处,就是千万年不变的根本礼则。作为维护社会和谐的钥匙的礼,只会随着时代的变化而变化它的形式,其和谐的主题永远不会改变。

礼仪谣

文质彬彬

西子捧心，
雁落鱼沉；
裴楷俊秀，
玉山映人。
风度翩翩，
文质彬彬；
乃金乃玉，
至贵至尊。

沉鱼落雁

探源释义

　　西子捧心　也作"西施捧心"。形容女子的病态美。传说春秋时越国美女西施，有心口疼的毛病，一旦犯病，总是用手捂住心口的位置，好减轻痛苦。

　　雁落鱼沉　也作"沉鱼落雁"。形容女子貌美动人，游鱼见之下沉，飞雁见之降落。相传西施貌美动人，每天都会到溪边洗纱。溪中的鱼看到西施，觉得自己比西施长得丑，都羞愧得不敢浮出水面，全沉到水底去。落雁则指西汉王昭君和亲嫁到匈奴首领单于时，天空中飞过的大雁，看到昭君长得那么漂亮，都惊讶地忘记该怎么飞了，全坠落到路边的树林里。

　　裴楷俊秀，玉山映人　晋代人裴楷，年轻时博览群书，学名远扬，而且风度翩翩，仪态俊美挺秀，人称"玉人"，称赞说："走到玉山之旁，令人觉得光彩照人。"后来官至尚书郎、吏部郎，晋武帝也很赏识他。玉山映人：比喻品德仪容俊美。玉山：传说西王母所居之山。

　　文质彬彬　形容人既有文采，又很质朴。后多指人举止文雅，态度从容。彬彬：谐调配和，文雅。

礼仪谣

一表堂堂

燕颔虎颈，
班超骨象；
异人彦博，
器宇轩昂。
炯炯有神，
熠熠闪光；
八面威风，
一表堂堂。

八面威风

探源释义

　　燕颔虎颈，班超骨象　东汉人班彪之子班超，少年时通读经史，胸怀大志，相貌威武不凡。一次，班超让相面先生看相，相面先生说："先生的下巴颏(kē)如同燕子的下巴颏，先生的颈项如同猛虎的颈项。燕子能飞，猛虎可以吃肉，你能飞又能吃肉，这是万里侯的骨象！"燕颔虎颈：形容相貌威武。颔(hán)：下巴颏。

　　异人彦博　宋朝人文彦博，任将相五十余年。有一年，契丹使者来朝贡，在殿门外看到文彦博，仪表堂堂，精神矍铄，端庄威严，惊叹道："这就是文相吗？多么威武雄壮，真是天下异人啊。"

　　器宇轩昂　也作"气宇轩昂"。形容精神饱满，气度不凡。器宇：人的外表。

　　熠熠闪光　也作"熠熠生辉"。形容光彩耀眼的样子。熠：yì 光耀鲜明。

　　八面威风　形容声势显赫，威望极盛。元朝末年，朱元璋率领的起义军扫平了中原，过年时他乘船渡江，船主见是朱元璋，便高声唱道："圣天子六龙护驾，大将军八面威风。"朱元璋听了，知道这是对自己的祝贺，非常高兴。

礼仪谣

英姿勃勃

神威翼德，
威风凛凛；
挺拔嵇绍，
鹤立鸡群。
英姿勃勃，
精彩逼人；
意气扬扬，
精妙入神。

鹤立鸡群

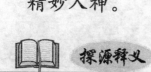 探源释义

神威翼德　三国时蜀国大将张飞，字翼德，以雄壮威武著名。曹操进入荆州，刘备逃往江南，张飞率二十骑殿后，同曹操的追兵相敌，他据水断桥，瞋（chēn）目横矛大叫："我是燕人张翼德，可来决一死战！"一时曹军没有谁敢上前，号称"万人敌"。

威风凛凛　气势威严逼人，令人敬畏。凛凛（lǐnlǐn）：严肃，令人敬畏的样子。

挺拔嵇绍，鹤立鸡群　晋朝时，嵇（jī）康、嵇绍父子都长得英俊魁梧，而且很有才识。嵇绍在京都做官，跟皇帝出征，被敌人包围，他保护皇帝杀出重围，大家都视他为英雄。人们称赞说："嵇绍长得实在英俊挺拔，就像野鹤立在鸡群之中。"鹤立鸡群：比喻身材仪表或才能超出一般人。

英姿勃勃　形容英俊而富有朝气的样子。勃勃：旺盛的样子。

礼仪谣

举止端庄

倾国倾城

倾城倾国，

后宫王嫱。

羽扇纶巾，

吴国周郎。

金相玉质，

举止端庄；

楚楚可人，

落落大方。

探源释义

倾城倾国 原指君主迷恋女色而亡国，后形容女色绝美。汉武帝时，乐师李延年一次宫舞时唱道："北方有佳人，绝世而独立。一顾倾人城，再顾倾人国。"武帝听了很动心，李延年妹妹正是这种倾城倾国的美人，武帝纳入后宫，封为李夫人。倾：倾覆。

后宫王嫱 西汉元帝时宫女王嫱（qiáng），字昭君，仪容雅丽，举止端庄。但入宫数年，未被宠幸，适逢匈奴呼韩邪入朝，王嫱请行，欢送时元帝见她丰容靓妆，光彩照人，顾影徘徊，倾城倾国，不禁大为悔恨。

羽扇纶巾，吴国周郎 三国时吴将周瑜，饱读兵书，年轻有为，威武雄壮，赤壁之战时指挥若定，他手摇羽毛扇，头戴丝带巾，潇洒自如，一派儒将风度。羽扇纶（guān）巾：泛指文人谋士的潇洒风度。纶巾：古代配有青丝带的一种头巾。

金相玉质 黄金般的外表，宝玉般的内质。比喻人的外表和气质都很好。

楚楚可人 形容姿容姣美，仪表端庄，让人感到满意。

彬彬有礼

千里鹅毛，

礼轻情重；

陶母德贤，

截发留宾。

彬彬有礼，

善气迎人；

谦谦君子，

和蔼可亲。

千里鹅毛

 探源释义

千里鹅毛，礼轻情重 也作"千里送鹅毛，礼轻情意重"。唐朝时南方一位太守，委派缅伯高带几只天鹅送给大唐天子。来到沔阳湖，他将天鹅放到水中清洗，不料天鹅挣脱飞走了。缅伯高只得捡些鹅毛，赶到长安送给天子。缅伯高在庭上吟诗道："礼品贡唐朝，水远路迢迢。群鹅朝天去，只剩一羽毛。上复唐天子，恕我缅伯高。"天子听了，觉得还吉利，不仅免责，还赞扬了缅伯高。

陶母贤德，截发留宾 东晋人陶侃，少年时母亲对她就很慈爱，教育也很严格，一次，客人范逵来访，天正下大雪，没有什么可招待的，陶母就将床上的干草剁碎为客人喂马，把自己的头发截去换酒肴招待客人。范逵感慨地说："不是这样的母亲生不出这样的儿子啊！"截发留宾：称赞贤母重礼的美德。

谦谦君子 谦逊有礼的人。谦谦：谦逊的样子。

礼节谣

相敬如宾

相敬如宾

王泰让枣，

孔融推梨，

陈遵投辖，

蔡邕倒屣。

相敬如宾，

知书识礼：

你谦我让，

投桃报李。

探源释义

王泰让枣，孔融推梨　南北朝时梁国人王泰，官至吏部尚书。小时候祖母给几个孙儿散发红枣，其他孩子一拥而上，他虽然喜欢吃枣，却站在一旁不抢。东汉末学者孔融，四岁时和哥哥一起吃梨，他只是拣小的吃，大人问他为什么这样，他说："我是小孩，理当吃小的。"让枣推梨：形容少年时便懂得谦让之礼。

陈遵投辖　比喻诚意挽留宾客。西汉时京兆尹陈遵，生性好客，友人来访时，常把客人的车瞎投入井中，使客人不得归。辖：安在车轴末端的挡铁。

蔡邕倒屣　也作"倒屣迎宾"。形容热情迎接客人。东汉大臣蔡邕，很欣赏诗人王粲的才华，一次听说王粲来访，拖了鞋子就去迎接，慌忙中鞋子都倒穿了。

相敬如宾　多形容夫妻互相尊敬，像对待宾客那样有礼。春秋时，晋国大夫臼季见郤缺在地里劳动，妻子送饭时，二人相敬如宾，认为必是有德之士，便推荐给晋文公重用。文公死后，郤缺在剿灭白翟叛乱中立有大功，升为卿大夫。

投桃报李　别人送给我桃子，我回赠别人李子。表示友好往来，相互赠酬。

礼节谣

礼尚往来

郑庄好客，
负有盛名；
卓茂谈礼，
礼顺人情。
礼尚往来，
笑脸相迎；
人心所向，
价值连城。

价值连城

 探源释义

郑庄好客 西汉人郑庄，做太子舍人时，每逢休假之日，就在长安四郊置备马匹，接待宾客，看望友人，夜以继日，通宵达旦，还总是担心有所疏漏。

卓茂谈礼，礼顺人情 西汉人卓茂，做县令时有人告状，说亭长收了他的米肉。卓茂一查是事实，但不是人家索要的，纯是那人自愿赠送。便对告状的人说："人与人之间是以礼、义相维系的，法律只禁止索贿受贿，而你送米肉是属于礼，礼是合乎人情的。"礼顺人情：礼作为社会道德行为的规范，应当顺应人的常情。

礼尚往来 在礼节上注重有来有往。尚：崇尚，注重。

价值连城 价值相当于连成一片的许多城池。春秋时，楚国人卞和得到了一块宝玉，称为和氏璧。几百年后，赵惠文王得到了这块璧，秦昭王愿以十五座城池换璧，赵国大夫蔺相如出使秦国，据理力争，揭露秦王得璧后并不换城的骗局，将这价值连城的和氏璧带回了赵国。

礼节谣

礼贤下士

礼贤下士

李勉惜德，
礼贤下士；
陈蕃恋才，
悬榻待宾。
待人接物，
博雅温文；
爱者如宝，
慕者如云。

探源释义

李勉惜德，礼贤下士　唐朝人李勉，当宰相时十分爱惜人才，礼贤下士，县尉王晬（suì）勤勉干练，李勉准备提拔他，不料宫中传来要拘捕王晬的命令。原来王晬为人耿直，有人诬告他。李勉不忍王晬受害，特向皇帝陈述王晬为人，结果皇帝不仅赦免了王晬，还提升了他。礼贤下士：以礼对待贤明的人，屈己对待有才的人。

陈蕃恋才，悬榻待宾　东汉人陈蕃，是朝中很有威望的大臣，当太守时不随便接待宾客，唯独与徐稚（zhì）交情甚厚。徐稚每次来访，他都专门腾出时间陪他；徐稚走后，他就将招待徐稚的床榻（tà）悬挂起来，等下次徐稚来时专用。悬榻待宾：指礼待贤士，格外尊敬。

博雅温文　即"温文博雅"，也作"温文尔雅"。态度温和有礼，举止端庄文雅。

爱者如宝　喜爱什么，就把什么当成宝贝。

井然有序

刘邦入关，

三章约法；

周勃护汉，

柳营试马。

井然有序，

不爽毫发；

约定俗成，

不言之化。

约法三章

 探源释义

刘邦入关，三章约法　刘邦攻入咸阳后，接受樊哙(kuài)和张良的意见，下令封闭秦宫，严加保护，自己退军灞上。他召集关中父老、豪杰，约法三章：杀人者处死，伤人者抵罪，盗窃者判罪，得到了百姓的拥护。三章约法：即"约法三章"，泛指订立必须遵守的规章条款。

周勃护汉，柳营试马　汉高祖刘邦死后，吴王刘濞(bì)带头作乱，逼景帝让位。太尉周勃率军迎击吴王叛军。他用坚壁的方法，以守代攻，把兵驻屯在昌邑，扎营在柳林里，整天操练兵马。待叛军消耗军力，粮饷尽缺，不战自溃，周勃乘机进攻，迅速击垮了叛军。柳营试马：比喻带兵的将领纪律严明。

不爽毫发　即"毫发不爽"。一点差错或失误都没有。形容非常准确。爽：差失。

约定俗成　一种名称或做法得到社会承认而固定下来，为大家所习用和遵守。

礼法谣

禁止令行

令行禁止

文王教子，

禁止令行；

安之画地，

言顺计从。

马首是瞻，

唯命是听；

纲纪四方，

鸡犬不惊。

探源释义

文王教子，禁止令行　周文王姬昌对外发动伐纣之战，在内实行仁政深得人心。但战争还只开始，他就病倒了。他对儿子姬发说："我一生的志向就是创建周的事业。你能做到令必行、禁必止，就是王业的开始。"姬发继承父志，灭商建周，称为周武王。禁止令行：也作"令行禁止"，形容法纪严明不苟。

安之画地　唐朝严安之治政很严。唐玄宗设宴勤政楼，让士人百姓观看百戏。当时人群拥挤，卫士也无法阻止，一片混乱。严安之来到现场，察看了形势，用随身带的手板在地上画线，并说："逾此者必死。"众人指着说："这是严公的界限。"顿时没人敢越线一步。

马首是瞻　作战时士卒看着主帅的马头决定进攻方向。比喻行动服从指挥。是，助词。

纲纪四方　用政策和法纪治理天下。

礼法谣

法不徇情

元纮案慎,
判不可动;
孙武令严,
法不徇情。
执法如山,
高台明镜;
太阿在握,
公正严明。

判不可动

 探源释义

元纮案慎,判不可动 唐玄宗李隆基拥立父亲唐睿(ruì)宗即位时,太平公主自恃有功,到处搜刮钱财,侵占土地,霸占寺院磨坊。寺院告到官府,雍州司户参军李元纮审理此案,非常慎重,秉公执法,将磨坊判还寺院。上司怕得罪太平公主,要他改判。李元纮(hóng)在判决书上挥笔写上八个大字:"南山可移,判不可动。"判不可动:指既经判定的案件不可改变。

孙武令严 战国时军事家孙武,曾为吴王训练宫女。一百八十名宫女排成两队,吴王的两名宠姬分任两队队长。孙武发出命令后,宫女们仍嘻嘻哈哈,孙武当即果断地斩了两名队长。于是宫女们前后左右起伏都听从命令,符合要求。

高台明镜 比喻官吏执法廉明公正。明镜:传说秦始皇铜镜能照见人心善恶。

太阿在握 宝剑拿在手里。比喻权柄掌握在手中。太阿:宝剑名。

礼法谣

奉公守法

奉公守法

夏禹行仁，
下车泣罪；
曹操割发，
蹈矩应规。
奉公守法，
法不阿贵；
洁身自爱，
无私无畏。

探源释义

夏禹行仁，下车泣罪 夏禹当上部落首领后，勤政爱民。一次出巡时遇见几名犯罪的人，连忙下车对他们哭泣起来。左右问他何以痛苦到这个地步，他说："尧舜时人以尧舜的高尚品德为榜样，今天我作为君王，百姓各有私心，所以我痛苦极了。"下车泣罪：指大禹见到罪犯感到自己有不可推卸的责任而痛心。

曹操割发 即"割发代首"。执法者带头守法。曹操行军从麦田旁经过，下令不得践踏麦子。骑士都下马走在田埂上，而曹操的马忽然跑进了麦田里。曹操要军法官给他议罪，军法官认为刑不上尊者，不必定罪。曹操拿剑割下头发放在地上，硬是自己惩罚了一次。

奉公守法 奉行公事，遵守法令。战国时赵国赵奢，任田部吏时，办事公平严格，见相国平原君赵胜家拒不交租税，赵奢便杀掉他家的九个管事人，赵胜很不满意，下令要杀赵奢。赵奢说："你如能奉公守法，上上下下都敬佩你，国家也会因此而强盛。"相国觉得赵奢说得有理，还让他担任更高的职位。

法不阿贵 法纪不偏袒贵族。指执法公正无私。阿，偏袒。

礼艺谣

能歌善舞

嫦娥奔月，
金桂飘香；
韩娥鬻歌，
余音绕梁。
游鱼出听，
低吟浅唱；
能歌善舞，
长乐未央。

余音绕梁

探源释义

嫦娥奔月 传说后羿(yì)的妻子，因偷吃了王母娘娘的不死之药，成了仙人。她开始舒展起宽长的衣袖，轻盈地跳起舞来，翩翩然奔上天宫，永久居住在月亮里。吴刚捧出香喷喷的桂花酒迎接嫦娥的到来。

韩娥鬻歌，余音绕梁 春秋时韩国女歌手韩娥，嗓音优美，歌声中倾注了全部的感情。一次她到齐国，身边的干粮吃完了，在都城雍门卖唱，由于歌声动听，大家纷纷解囊资助。韩娥离开后，仍然余音绕梁，好几天都没有消失。余音绕梁：形容歌声婉转悠扬，给人留下难忘的印象。鬻(yù)：卖。

游鱼出听 鱼儿游出水面聆听音乐。形容音乐十分美妙动听。《荀子·劝学》中说："昔者瓠(hù)巴鼓瑟，而游鱼出听。"

长乐未央 长久欢乐，永无终结。央：尽，终止。

礼艺谣

笔精墨妙

画龙点睛

羲之艺高，

换鹅写经；

僧繇技神，

画龙点睛。

笔精墨妙，

飞鸾舞凤；

形神兼备，

笔下春风。

 探源释义

羲之艺高，换鹅写经 东晋书法家王羲之，官至右军将军，性爱山水，能诗善赋，尤工书法，有"书圣"之称。他特别喜欢画鹅，见山阴一道士养了很多活泼泼的鹅，很是羡慕。正好山阴道人请他书写道德经，王羲之就提出以经换鹅，山阴道人愉快地答应了。换鹅写经：即"写经换鹅"，用以称赞书法高超。

僧繇技神，画龙点睛 南朝时梁代画家张僧繇(yóu)，擅长画龙，几乎到了出神入化的地步。一次，他在金陵安乐寺墙上，画了四条白龙，画完都不点上眼睛。人问为什么这样，他说："点睛很容易，但一点上，龙就会飞去。"果然，他一点睛，"轰"的一声，一条白龙就破壁乘云飞到空中。画龙点睛：原形容画作神妙，后比喻作文或说话，在关键处用上一两句说明要旨，内容就更加生动精辟。

形神兼备 形态和神情都具备了。比喻神情和形态都表现得很充分逼真。

艺不压身

诗词歌赋，
江东渭北；
琴棋书画，
多才多艺。
艺不压身，
文武兼备；
多多益善，
乐山乐水。

多多益善

探源释义

江东渭北 江东为李白居地，代指李白；渭北是杜甫居地，代指杜甫。喻指朋友两地相思。李白是唐朝伟大诗人，他的诗歌雄奇奔放，瑰玮绚烂，人们称他为"诗仙"，有990余首传世。唐朝伟大诗人杜甫，以深沉雄浑的诗句真实地反映了当时动荡的社会生活，有"诗史"之称，现存杜诗1400余首。

多多益善 原指带兵越多越好，后泛指越多越好。刘邦称帝后，收回了韩信的兵权，但担心韩信不服。一次，高祖特意问韩信："你看像我这样的人能带多少兵？"韩信说："皇上不过能带十万兵。"高祖又问："那你能带多少兵呢？"韩信说："多多益善。"高祖又说："既然多多益善，为什么还被我制服了？"韩信说："皇上虽然不会带兵，但却擅长统帅将领啊！"

乐山乐水 有人喜爱山，有人喜爱水。比喻每个人的爱好不同。《论语·雍也》："知者乐水，仁者乐山。"

礼艺谣

幽情雅趣

扑朔迷离

茂叔观莲，

淤泥不染；

渊明赏菊，

悠然南山。

幽情雅趣，

触目兴叹；

扑朔迷离，

神醉目酣。

探源释义

茂叔观莲，淤泥不染 宋朝道州人周敦颐，字茂叔，著名哲学家。他对莲花特别钟爱，知南康（庐山南麓）军时，在府署东侧挖池种莲，名为爱莲池，莲花盛开季节，一边观莲，一边口诵《爱莲说》，赞美莲的高洁品质："出淤泥而不染，濯（zhuó）清涟而不妖。"这篇短文成了传之千古的名篇。

渊明赏菊，悠然南山 东晋柴桑人陶渊明，著名诗人，不愿为五斗米折腰而辞去彭泽县令，隐居在庐山南麓，特别爱菊，院子里种了许多菊花。他在《饮酒》一诗中写道："采菊东篱下，悠然见南山。山气日夕佳，飞鸟相与还。此中有真意，欲辨已忘言。"把采菊与饮酒、赏景融在一起，表现出对生活的热爱。

扑朔迷离 形容兔子被提起时，雄兔四脚乱蹬，雌兔双眼半闭。比喻事物错综复杂，不易看清真相。传说北朝时民女花木兰，假扮男装，代父从军，屡立战功，凯旋而归。乐府《木兰辞》中有"雄兔脚扑朔，雌兔眼迷离"的句子。

神醉目酣 即"目酣神醉"。形容景色优美，令人陶醉。

不法常可

伯儿相马，

按图索骥；

郑人置履，

抱令守律。

不法常可，

不期修古；

一改故辙，

移风易俗。

按图索骥

伯儿相马，按图索骥　春秋时秦国人伯乐,将自己的相马经验写成一本《相马经》,记录了各种千里马的特征,并画上插图为人学习相马提供了很好的参考。不料他的儿子智力差,生搬硬套《相马经》,按图上所画马的形状找千里马。看见一只癞蛤蟆,捉回去说是千里马,弄得父亲哭笑不得。按图索骥:比喻做事拘泥成法,毫无灵活变通。

郑人置履　比喻不相信客观实际,只相信刻板的教条。郑国有个人上街买鞋,先量好鞋底尺寸,到了集市发现没带着尺寸,又返回家中去取,等再回来时,集市已经散了。有人问他为什么不用脚试试呢,他回答说:"宁信度,无自信也。"

抱令守律　死守律令,不知变通。

不法常可　不把常规惯例当作永远不变的模式。法:效法,遵循。

不期修古　不寄希望于遵循古制,即不可墨守成规止步不前。

礼变谣

举一反三

刻舟求剑

孔子诲人，
举一反三；
楚人涉江，
刻舟求剑。
见微知著，
睹影知竿；
触类旁通，
别开生面。

探源释义

孔子诲人，举一反三 孔子教弟子很注重方法，循循善诱。一天，他对弟子说："先生举一个墙角，学生就应该独立思考，融会贯通，联想到其余的三个墙角，并用其他的三个墙角来反证先生指出的一个墙角。"举一反三：用已知的一件事情推知相类似的其他事理。比喻善于由此知彼，触类旁通。

楚人涉江，刻舟求剑 有个楚国人身佩一把宝剑，乘船渡江，船到江心，风浪颠簸，不小心将剑掉到水里。情急之下，他赶紧在船帮上刻下一个记号，想等船靠岸后，再从做记号的地方下水捞剑。刻舟求剑：比喻拘泥固执，不知道随着形势的变化而作相应改变。

见微知著 看一点苗头就能知道它的发展趋向和归宿。著：显著。

别开生面 比喻另外开创新的局面或格式。

礼变谣

推陈出新

邯郸学步，

卜妻为裤；

因循守旧，

安常习故。

推陈出新，

角立杰出；

古调不弹，

一帜独树。

邯郸学步

邯郸学步　比喻盲目模仿，反而失去了自己原有的长处。战国时，燕国一少年听说赵国邯郸(hándān)人走路的步伐非常优美，就不顾路途遥远来到了邯郸。他一会儿学小孩儿走路，一会儿学女人走路，一会儿又学老人走路，这样一味模仿别人，结果原来自己走路的方式全给忘了。最后身上的钱花光了，只得爬着回到燕国。

卜妻为裤　比喻人拘泥僵化，遇事不知道变通。郑国人卜子，让他妻子给他缝一条裤子，嘱咐按那条旧裤子去做。妻子没领会卜子的实意，做出了一条新裤后，特意弄得又脏又破，果真像那条旧裤子。

安常习故　墨守成规，不思变革。故：旧例。

角立杰出　指超群出众。角立：卓然而立。

古调不弹　古时的曲调已无人弹奏了。比喻陈旧的东西不受欢迎。

礼变谣

随机应变

千变万化

安世延年，
易辙改弦；
少帝坐膝，
随机应变。
时移世易，
驰骋贯穿；
事无常师，
情随事迁。

 探源释义

安世延年，易辙改弦　西汉时，张汤、杜周是两个酷吏，他们先后担任御史，办案时动辄诛杀，不服罪就严刑拷打定案，冤死了不少的人。张汤的儿子张安世，杜周的儿子杜延年后来也入朝做官。但待人谦恭平和，同他们的"酷吏"父亲完全不一样，因而名声很好。宋代学者王懋评论说：张安世和杜延年，为人宽厚，和张汤、杜周截然不同，就好像乐器换了弦，车子改了道那样。易辙改弦：也作"改弦易辙"。比喻改变方向、计划。辙(zhé)：车轮的印迹。

少帝坐膝　东晋明帝司马绍，小时候坐在元帝膝上，接见从长安来的使者。使者问绍："长安和太阳比，哪个远？"绍说："太阳远，没听说谁从太阳那里来。"元帝听了，感到很惊奇。第二天元帝与群臣谈及此事，再问长安和太阳哪个远，绍却回答说："太阳近。"元帝更诧异了。绍说："举头见日(元帝)，不见长安。"

驰骋贯穿　即"贯穿驰骋"。指能融会贯通地理解，并能自由地思考。

情随事迁　情况变化了，思想感情也随着起了变化。

礼本谣

择交而友

孟母三迁，
亲仁善邻；
管宁割席，
泾渭自分。
择善而从，
心心相印；
择交而友，
门无杂宾。

孟母三迁

探源释义

　　孟母三迁　指父母对子女成长的关切。孟子名轲，小时候很调皮，孟母耐心教导。以前，他们住在墓地附近，孟轲常学大人跪拜哭号，孟母担心孩子不能学到诗书礼仪，于是就把家搬到集市附近。不料孟轲又跟着那些商人学起油腔滑调来，孟母担心孩子会变成市井小人，又把家搬到学校附近，孟轲才喜爱读书了。

　　管宁割席　比喻朋友绝交，一刀两断。东汉时，管宁、华歆一起读书，感情很好。一天，在校园里开垦荒地，管宁挖到一块硬物，华歆去挖，原来是块金子。华歆得金后，不再用心学习。有坐轿的官员经过，管宁坐在席子上照常读书，华歆却离席去看，似乎非常羡慕。于是，管宁便割断共坐的席子，说："你不再是我的朋友了。"

　　泾渭自分　也作"泾渭分明"。泾河水清，渭河水浊，两条河合流后清浊不混。比喻界限清楚，是非分明。

　　择交而友　有选择地交朋友。表示交友要谨慎。

礼本谣

见贤思齐

饮醇自醉

季雅买邻，

千万不贵；

程普叹服，

饮醇自醉。

见贤思齐，

朱赤墨黑；

逆水行舟，

不进则退。

探源释义

季雅买邻，千万不贵 南北朝时梁代人吕僧珍，担任南兖州刺史，处事公正，威望很高。他家住北市，有人劝他迁移督邮官署来扩建家宅，他斥责了一番。南康太守宋季雅离任后，在吕僧珍住宅旁买了一幢房子，花了一千一百万，吕僧珍惊叹此价太高，宋季雅说："买房子倒只花一百万，那一千万是买个好邻居。"这就是"千万买邻"的典故。千万不贵：即"千万买邻"。形容选择邻居的重要性和可贵性。

程普叹服，饮醇自醉 三国时吴国大将周瑜，度量很大。老将程普资历高，对周瑜很不服气。他多次凌辱周瑜，周瑜却不计较。程普这才大为感叹，对人说："与公瑾交，若饮醇醪(láo)，不觉自醉。"饮醇自醉：喝味道淳厚的酒，不知不觉就自我陶醉了。比喻与宽宏大量的人结交，心悦诚服。醇(chún)：味道纯厚的酒。

见贤思齐 见到有道德有才能的人，就想向他学习、看齐。

朱赤墨黑 即"近朱者赤，近墨者黑"。靠近朱砂容易被染成红色，靠近墨就容易被染成黑色。比喻接近好人可以使人变好，接近坏人可以使人变坏。

礼本谣

敬老慈幼

张良三拜，

圯上老夫；

杨彪一叹，

老牛舐犊，

敬老慈幼，

矜贫恤独；

老安少怀，

上和下睦。

探源释义

老牛舐犊

张良三拜，圯上老夫 刘邦谋士张良，年轻时在下邳（pī）一座桥上遇见一位老人，他的鞋子丢到桥下，要张良拾给他，张良见他是位老者，便下到桥底拾了过来。老人又要他给穿上，张良长跪于地给穿上了。见张良如此敬老，老人嘱他五天后再来相见，但到时老人一拖再拖，直到第三个五天才见了面，并赠给张良一部《太公兵法》。圯上老夫：即"圯上老人"，比喻尊敬长者。圯（yí）：桥。

杨彪一叹，老牛舐犊 曹操见主簿杨修太过聪明，心中不满，借故杀了他。杨修的父亲杨彪，一直悲痛不已。一次，曹操遇见杨彪，问他："老先生怎么瘦得厉害？"杨彪回答说："惭愧当初没有先见之明，只是还怀着老牛舐犊般的情爱。"老牛舐犊：比喻爱子情深。舐（shì）：舔。犊（dú）：小牛。

矜贫恤独 怜悯抚恤贫困的人和孤独老人。矜：怜悯。恤（xù）：救济。

老安少怀 使老人得到安逸，少年得到关怀。

和睦相处

孟子斥魏，

以邻为壑；

穆姬劝君，

干戈玉帛。

和睦相处，

濡沫涸辙；

乌鹊通巢，

天造地设。

化干戈为玉帛

探源释义

孟子斥魏，以邻为壑　战国初年，魏国相国白圭，接见孟子时，吹嘘自己治水的经验，竟说本领超过了大禹。孟子很气愤，斥责说："禹治水顺着水性疏导它，以四海为邻；你治水只知筑堤堵河，水流到别国，这是以邻为壑呀！"以邻为壑：把邻国当作排泄洪水的大水沟。比喻把自己的困难、灾祸转嫁给别人。壑(hè)：沟，谷。

穆姬劝君，干戈玉帛　春秋时，晋国曾经闹饥荒，秦国送去很多粮食。后来秦国闹灾，晋国却不援助。秦穆公决定攻打晋国，但夫人穆姬与晋君是兄妹，她力劝穆公不要大起干戈，而以玉帛相见。穆公听谏后就同晋国和好了。干戈玉帛：即"化干戈为玉帛"，比喻把战争化为和平。

濡沫涸辙　鱼儿在干涸的车辙里互相吐沫润湿。比喻在困境中尽全力相帮助。濡(rú)：沾湿。涸(hé)：干枯。

乌鹊通巢　乌鸦和喜鹊同窝。比喻不同类型的人也能和睦相处。

五、智 篇

　　"德"与"智"是一个整体的两个方面,"德"中有"智","智"中有"德"。为什么要获得"智"?这里面有道德方面的动机与制约;怎样获得"智"?这里面有道德方面的指导和坚持;有了"智"又该怎样应用?这里面有道德方面的态度及权衡。这是"智中有德"。同样,"德"中也有"智"。"德"要在古人优秀传统的基础上继承发扬,就要以"智"去总结和吸取;"德"要不断提升,就要以"智"来培育与催化;"德"要在社会生活中广为渗透,就要靠"智"去部署及检验。"德"既可以在"智"中发挥作用,又可以借助"智"的力量来更好地发挥它的功能。因此,立德必须立智。而且,"智"在一定程度上就是一种"德"。一句话,"德"与"智",水乳相容。

　　"智"与"知"同出一源。求知就是求智,勤奋学习,博览群书,专心致志,尊师重道,就能获得知识,知识积累到了一定程度,就升华到了智慧。"智"会表现在多个方面,知理是一种智慧,知人也是一种智慧。知理解决了对事物道理的认识,通过格物致知、穷本极源,达到明辨是非,认识事物的因果、表里、正反等各个方面。知人解决了对人的特点、品性、才能的认识,这样知人善察,才能唯才是举、任人唯贤,并且循循善诱地培养人。

　　知理知人,这属于对客观世界的认识,智略、智能、才智,则属于对客观世界的改造。一个战役,一项工程,如何谋划,如何实施,是对智略水平的检验。能深思熟虑、高瞻远瞩自然会是足智多谋、百计迭出,这样,人在改造客观世界的事业中就获得了主动权。

社会分工，有的人主要是在决策的岗位上，有的人主要是在实施的岗位上，社会愈发展，各行各业愈需要更多的能人。因此，智更应该表现在能上。精益求精、熟能生巧是能的表现，胜出一筹、止于至善是能的结果，达到了这一层，毫无疑问就是"能人"了。

　　人在某一方面特别有能耐，在其他的几个方面也应该有一些才能。我们提倡一专多能、多才多艺，既是人的自身发展的需要，也是社会发展的需要。从人自身发展的需要来看，人应该全面发展，不仅德智体全面发展，而且要知识与能力智力全面发展，甚至在能力方面还要多才多艺。做木工的能绘画，学唱歌的懂文学，对他的主打专业的发展会有好处。从社会需要的角度看，人一生可能要干几个行业，过去做木工的今天可能搞装潢，今天当歌星的明天可能搞音乐创作。你有多种才能，社会上新的行业需要你，你就能轻松地转行，社会需要几个行业合作，你就能如意地参与。社会愈来愈需要通才，一个有远大道德抱负与高尚道德修养的人，就要自觉地全面发展自己，使自己在报效国家的任何一个岗位上都能干得出色。

爱日以学

悬梁刺股，

囊萤映雪。

惠书五车，

韦编三绝。

朝益暮习，

爱日以学；

醍醐灌顶，

出门合辙。

悬梁刺股

探源释义

悬梁刺股 也作"刺股悬梁"。指刻苦勤学。战国时孙敬，深夜读书困乏，用绳子把头发系在房梁上，打瞌睡头发就拉着头，疼醒过来，好继续学习。战国时苏秦拜鬼谷子学习纵横术，常常通宵不眠，困了就用锥子刺大腿，剧痛后清醒了又坚持读书。

囊萤映雪 形容坚持勤学苦读。晋朝人车胤年少时家贫，苦学不倦，夏天用纱囊装萤火虫照明读书至深夜。晋朝人孙康，冬天买不起灯油，常常在晚上映着雪光读书。

惠书五车 即"五车之书"。形容博览群书，学识渊博。《庄子·天下》载："惠施多方，其书五车。"惠施任过魏国相国，是名家代表人物，善辩。

韦编三绝 形容勤奋刻苦地读书治学。孔子晚年反复研读《周易》，以致编联竹简的皮绳多次断绝。韦：熟牛皮。

醍醐灌顶 比喻灌输智慧，使人彻底醒悟；也比喻精微的道理，给人以极大的启发。醍醐(tíhú)：从牛奶中提炼的精华。

求知谣

博览群书

开卷有益

五柳善学，
不求甚解；
宋皇勤读，
开卷有益。
博览群书，
书囊无底；
手不释卷，
薄发厚积。

 探源释义

五柳善学，不求甚解　东晋诗人陶渊明，辞官在家读书作文，每逢读到会心之处，便高兴得连吃饭也忘记了。他在自传体散文《五柳先生传》中阐述读书方法时说："好读书，不求甚解，每有会意，便欣然忘食。"不求甚解：读书只求领会要义，不在词句上过多地下工夫。甚：很，指程度过深。

宋皇勤读，开卷有益　宋朝皇帝太宗赵匡义，让学者编纂一部百科全书式的著作——《太平总类》，长达一千卷。太宗每天坚持读两三卷，有臣子劝他不要太累，建议每天少看些。太宗说："读书是件愉快的事，只要打开书本，总有益处。"结果，太宗一年就看完了全书。开卷有益：说明读书有益。

书囊无底　形容书籍很多，不可计数。书囊：装书的袋子。

薄发厚积　即"厚积薄发"。大量地积累，少量地慢慢放出。形容积累得多，基础雄厚，发出的力量才大，或事情才能办好。

专心致志

弈秋高徒，
专心致志；
乐羊贤妻，
劝学断织。
聚精会神，
执一无失；
目不窥园，
如醉如痴。

专心致志

探源释义

弈秋高徒，专心致志 古代有名的棋手弈秋，带了两个弟子。一个专心致志，另一个心不在焉，眼睛老望着外边，以为有鸿鹄要飞来。弈秋让两人对弈，心不在焉的孩子两下子就招架不住了。弈秋说："下棋虽是小艺，但不专心致志，也是学不好的。"专心致志：聚精会神，一心一意。致：尽，竭尽。

乐羊贤妻，劝学断织 东汉人乐羊子出外求学，妻子在家织布。刚一年，乐羊想家就回来了。妻子认为丈夫不专心学习，就拿着剪刀剪断织机上的布，说："这织物来自蚕茧，一根根抽成丝，又一寸寸织成布。你中途回来，就像这布匹一样，一经剪断，就难以成一块整布了。"乐羊子很感动，立即回去继续求学，七年学成才回来。劝学断织：即"断织劝学"，比喻勉励学习。

执一无失 非常专心，没有出现过失。执：坚持。

目不窥园 眼睛都不往园子里看一下。形容专心苦学。西汉人董仲舒，少年时刻苦学习，曾三年没朝自家的花园看一眼。后来被朝廷聘为博士，成为大儒。

中华美德成语谣

求知谣

尊师重道

程门立雪

程门立雪，

慧可忍寒；

河汾门下，

桃李满园。

仰之弥高，

钻之弥坚；

尊师重道，

薪尽火传。

 探源释义

　　程门立雪　形容尊敬老师，虔诚求学。宋朝人杨时，四十岁时去拜见理学家程颐。时值寒冬，见程老师正在打瞌睡，不敢打扰，站在门外等着，积雪一尺，还一动不动，直到老师发觉，才进屋里去了。

　　慧可忍寒　指尊师重道，刻苦求学。南北朝时僧人慧可，博览群书，听说高僧达摩住在少林寺，他赶去求学，见达摩盘坐洞中，他便在雪地里守了一夜，天明时达摩走出洞口，才收他为徒。慧可后来成了著名的禅宗大师。

　　河汾门下　比喻老师出色教育，学生桃李满园。隋朝末年王通是位大儒，他在河汾设帐授学，学生都学有所成，像唐朝初年的房玄龄、魏征、李靖等都是他的学生。

　　仰之弥高，钻之弥坚　仰望他的人格，越觉得他崇高；钻研他的学问，越觉得艰深。这是颜回崇拜孔子的话。后用来称颂人的品德高尚、学识渊博。

格物致知

艾子释铃，

洞彻事理；

后生无畏，

得珠探骊。

格物致知，

心有灵犀；

四书五经，

微言大义。

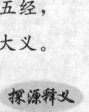 探源释义

探骊得珠

艾子释铃 比喻事物都有道理，具体问题要具体分析。春秋时艾子，很有学问。一个营丘人喜欢钻牛角尖，他问艾子："骆驼脖子上为什么挂铃？"艾子告诉他，是因为夜晚走路听到铃声可以相互错动。那人又问："塔上挂铃也是为了错动吗？"艾子告诉他，是为了避鸟筑巢。那人又问："鹰尾挂铃也是避鸟筑巢？"艾子说，系鹰的丝带一旦被树缠住了，猎人好循铃声去找。那个营丘人恍然大悟地说："啊，送葬的人摇铃，还是为了便于寻找啊。"

后生无畏，得珠探骊 古代黄河边，有一位老人，告诉儿子河底有条黑龙，守着一大堆珠宝。儿子想去试一试。他真的潜到水底，趁黑龙还在睡觉的时候，将珠宝取回来了。得珠探骊：即"探骊得珠"，今比喻行文深得要旨。骊(lí)：黑龙。

格物致知 推究事物的道理，方能获得知识。格：研究，推求。

四书五经 泛指儒家经典著作。四书指《论语》《大学》《中庸》《孟子》；五经指《易经》《尚书》《诗经》《礼记》《春秋》。

知理谣

穷本极源

水落石出

齐奄号猫，

鸲鹆噪虎；

迂夫念贼，

莽医治伛。

荒诞无稽，

不可理喻；

穷本极源，

水落石出。

探源释义

齐奄号猫　比喻只看表面，不看本质。齐奄家养了一只猫，称"虎猫"。有人说"虎猫"不如"龙猫"，又有人说"龙猫"不如"云猫"，后来又改为"风猫""墙猫""鼠猫"。人们耻笑说："捕鼠的就是猫，为什么要故弄玄虚呢？"

鸲鹆噪虎　比喻不能正确判断，就盲目跟风。有只老虎跑到喜鹊巢旁，喜鹊对它乱叫。鸲鹆听到了，也聚在一起乱叫。寒鸦问鸲鹆："你住山洞，为什么也乱叫呢？"鸲鹆一时答不出来。鸲鹆（qùyù）：八哥。

迂夫念贼　比喻偶然现象与必然道理不能混在一起。迂公卧室里进了小偷，恰好被他看见了。小偷丢下身上穿的羊皮袄跑了。迂公以为小偷每次都会丢羊皮袄，便天天念贼，再晚也赶回家，等那贼来。

莽医治伛　比喻只凭主观想象不能解决问题。平原那个地方，有个自称会治驼背的人，但方法却是让驼背人躺下，他在身上去踩。驼背人说："你这不是要把我害死吗？"伛（yǔ）：曲背。

水落石出　形容事物经过澄清以后，真相大白。宋时欧阳修游醉翁亭后写出《醉翁亭记》，其中写道："……水落而石出者，山间之四时也。"

知理谣

明辨是非

王皓失马，

不明底蕴；

宋人疑邻，

玉石不分。

黑白相混，

兰艾同焚；

明辨是非，

格其非心。

黑白相混

探源释义

王皓失马　比喻看事物要透过假象，不要被迷茫。北朝时北齐人王皓，跟文宣帝高洋一起北伐。他乘坐的那匹红马，早晨被白霜蒙上了一层，便不认识。他到处找马，太阳出来了，那匹红马还拴在原地。这时他才说："我的马还在呢。"

宋人疑邻　比喻看事物不能让亲疏蒙住眼睛，代替真理。宋国有个富人，大雨把墙壁冲塌了。儿子说："不赶快修筑起来，会有小偷爬进来。"果然夜里小偷窃走了家里财物。第二天，富人夸奖儿子有先见之明，却怀疑邻家大爷是贼。

兰艾同焚　比喻好人坏人不容易分清。兰：香草，比喻贤人。艾：臭草，比喻奸人。

黑白相混　也作"黑白混淆"。黑白不辨，是非颠倒。东汉时杨震见安帝昏庸，他直谏反被罢官，愤恨地说："眼见黑白相混，我何颜面活在世上？"说罢服毒自尽。

知理谣

相反相成

塞翁失马

塞翁失马，

祸福相倚；

患鼠乞猫，

权衡利弊。

相反相成，

互为表里；

相生相灭，

合而为一。

探源释义

塞翁失马，祸福相倚　比喻好事、坏事可以在一定条件下相互转化。传说西北要塞有个老翁，儿子将马丢失了。他说："丢了一匹马，可能是件好事。"几个月后马回来了，并且带来一匹大骏马。老翁却说："丢的马回来了，还带来一匹马，可能是件坏事。"谁知，儿子骑着那匹骏马摔断了腿骨。老人又说："折断腿骨未必不是好事。"一年后匈奴入侵，儿子因为脚残，没有应征，保住了性命。

患鼠乞猫　比喻事物有两重性，要权衡利弊，综合分析。有个越国人担心老鼠为害，到中山国讨到一只猫。这只猫善捉老鼠，但也善于捉鸡。猫来到他家不久，老鼠是没有了，鸡也被吃光了。他儿子主张把猫除掉，越人说："我们的祸在于老鼠，不在于猫。"

相反相成　互相对立，又互相促成。相反：矛盾的双方互相排斥或互相斗争。

合而为一　把分散的事物合在一起，成为一个整体。

知人谣

知人善察

伯乐相马，

见多识广；

林宗倾粥，

知来藏往。

赵钱孙李，

人海茫茫；

知人善察，

了如指掌。

了如指掌

探源释义

伯乐相马 比喻有眼力者鉴别并举荐人才。春秋时秦国人孙阳，很懂得识别马的好坏，人称伯乐。一天，他看见一匹瘦马拉着盐车，禁不住嚎啕大哭，马仿佛知道伯乐同情它，也直响着鼻子长嘶起来。伯乐还推荐他的朋友九方皋为秦穆公相天下最好的马，伯乐的名声就更大了。

林宗倾粥 表示有意通过磨难考验人识别人。东汉时儒生郭林宗，很注意对学生品德的观察。一次，他故意装病，让学生陈德公来为他整夜熬粥，他却一连三次把粥倒在地上，呵斥说："为老师做粥，可以有这么多沙子吗？"听了这话，陈德公更加恭敬精心。郭叹道："原来是见了你的面，现在是认识了你的心。"从此，他更加竭诚教授陈德公了。

知来藏往 表示能够深知过去和预见未来。藏：记藏。

了如指掌 形容对事物十分了解，极为清晰。孔子非常熟悉周礼，有人对进庙祭祖的礼仪不清楚，来问孔子，孔子说："知道这种礼仪的人，治理国家，就像把东西放在手掌上一样了。"

唯才是举

三顾茅庐，
千金市骨；
秀出班行，
一夔已足。
士农工商，
唯才是举；
鸿儒硕学，
脱颖而出。

三顾茅庐

探源释义

三顾茅庐 比喻诚心诚意地一再拜访或邀请。东汉末年，刘备为了请贤，同关羽、张飞一起去隆中一草舍，拜访在那儿隐居的名士诸葛亮，请他出来辅佐自己打江山，前后去了三次，才见到诸葛亮。

千金市骨 比喻用重金招揽人才。战国时，燕昭王想以重金招揽人才，拜访老臣郭隗(kuí)。隗说："从前有君王不惜用重金求购千里马，三年都未求得，这时一大臣花五百金买回千里马的骨头。可见君王求马的诚意。如今大王招贤，就从我开始吧。"昭王真的重用了郭隗，各国贤才闻讯后纷纷来到燕国。

秀出班行 优异的才智超过同辈。班行：同辈，同列。

一夔已足 比喻真正的人才，有一个就够了。春秋时，鲁哀公问孔子："听说舜时的乐官只有一只脚，是吗?"孔子说："舜想利用乐官教化天下，夔通音律，像这样的人才，一个就够了。不是说夔只有一只脚。"

脱颖而出 比喻突然显露出惊人的才能。颖：物体末端的尖锐部分。

任人唯贤

管仲辅齐，

任人唯贤；

解狐荐能，

不计前嫌。

任重道远，

遗大投艰；

才高八斗，

鹏抟九天。

任人唯贤

管仲辅齐，任人唯贤　春秋时齐国大夫管仲，因帮助公子纠争夺君位失败，被囚送回临淄，路上管仲请求一位官员给他点饭吃，那官员送来饭，问将来怎样报答他，管仲说："我将任人唯贤，能拿什么报答你呢？"后来经鲍叔牙推荐，齐桓公用管仲为相。任人唯贤：任人不论亲疏，只选择有才德的。

解狐荐能　比喻以国事为重，用人举贤不计个人恩怨。解狐推荐邢伯柳做上党的郡守，邢伯柳向他道谢说："你原谅我的过错，我怎么不再次拜谢你呢！"解狐说："我推荐你，这是公事。你去上任吧，我对你的怨恨，还像当初一样。"

遗大投艰　赋予重大而艰巨的任务，或担当艰巨的重任。遗：赠与，给予。

才高八斗　比喻人极富文才。南北朝时著名诗人谢灵运，当时的文人墨客对他的诗争相抄录，赞赏他的才能。他自负地说："天下才共有一石，子建(曹植)独得八斗，我得一斗，天下其他的文人共得一斗。"

鹏抟九天　大鹏展翅，盘旋飞升高空。比喻人奋发有为。鹏：传说中的大鸟。抟(tuán)：盘旋。

知人谣

循循善诱

拔苗助长

墨子泣丝，

染苍染黄；

郑人惜鱼，

贻笑大方。

拔苗助长，

举措失当；

循循善诱，

用其所长。

探源释义

墨子泣丝，染苍染黄 墨子见丝放到不同颜色的水里，被染成不同颜色，感叹地说："丝放到青色的水里就染成青色，放到黄色的水里就染成黄色，水的颜色不同，丝的颜色也就不同了。"染苍染黄：比喻人或物受环境、习俗等因素的影响而变化。

郑人惜鱼 比喻人要在广阔的天地里发挥才干。郑国有个人喜欢养鱼，他把捕到的鱼放在盆子里养，一会儿喂食，一会儿又捧出来欣赏，但没过几天，鱼都死了。旁边有人对他说："鱼是在江河的大水里生活的，丢在小盆子里养，而且老是玩弄它，怎么养得活呢？"

拔苗助长 比喻做事不依循客观规律，急于求成，反而会坏事。宋国有个人嫌庄稼长得慢，就把苗逐一往上拔了一截。回家还夸口说帮苗长高了。第二天，儿子到地里一看，苗都枯死了。

循循善诱 善于有步骤地进行引导。循循：有次序的样子。

深思熟虑

白圭商道，

人弃我取；

孙子兵法，

知己知彼。

深思熟虑，

斟酌损益；

行思坐想，

擘肌分理。

知己知彼

白圭商道，人弃我取　战国时魏国相国李悝，推行变法，发展农业。大富商白圭根据李悝的经济措施，提出经商应该"人弃我取，人取我与"。即人家不要的我买过来，人家需要的我再卖过去。这样，白圭的财富就迅速增长。人弃我取：原指商人善于掌握行情，谋取厚利。后多指自己的兴趣、见解与他人不同。

孙子兵法，知己知彼　春秋时军事家孙武，被吴王任为大将，率领吴军攻破楚国，镇服齐、晋，使吴国称霸诸侯。他根据自己指挥作战的思想和实际经验，写成了《孙子兵法》。书中说："知己知彼，百战不殆；不知彼而知己，一胜一负；不知彼不知己，每战必败。"知己知彼：也作"知彼知己"，对自己的情况和对方的情况都有透彻的了解。

斟酌损益　仔细考虑，反复商讨，然后决定增减改动。斟酌（zhēnzhuó）：考虑，商讨以决定取舍。

擘肌分理　比喻分析事理非常细密。擘（bò）：剖，分开。理：肌肤的纹理。

智略谣

高瞻远瞩

运筹帷幄

张良谋汉，

运筹帷幄；

韩琦焚疏，

高瞻远瞩。

左右逢源，

兼收并蓄；

高屋建瓴，

胸有成竹。

探源释义

张良谋汉,运筹帷幄 刘邦谋士张良,精通《太公兵法》,为刘邦战胜项羽出了很多主意。刘邦称帝后,赞扬张良说:"在帷幕后面制定正确的策略,才能获得胜利。张良不上战场,也能指挥千军万马。"运筹帷幄:在军帐中谋划军机。泛指善于筹划指挥。帷幄(wéiwò):军用帐幕。

韩琦焚疏,高瞻远瞩 宋朝时宰相韩琦,是位名相。他任山陵使时,一次皇帝命人传下一道圣旨,他接了思考片刻,决定不予执行,反而烧掉。不几天,又传来圣旨,命他收回前封圣旨。来人见原来那封圣旨已被韩琦烧了,如实回报,皇帝称赞说:"韩琦见识远,有决断。"高瞻远瞩:形容见识高远。

高屋建瓴 从高屋顶上向下倾倒瓶里的水。形容居高临下,不可阻挡。也比喻对事物的把握境界高远,能够十分轻松地驾驭。瓴(líng):盛水的瓶子。

胸有成竹 原指画竹心中早已有了现成的竹子形象。比喻事前已有成熟的计划。

足智多谋

房相多谋，

杜卿善断，

周瑜神机，

孔明妙算，

蒋干中计，

草船借箭。

足智多谋，

百灵百验。

草船借箭

房相多谋，杜卿善断 即"多谋善断"。指既善于谋略，又敢于决断。唐朝初年，名相杜如晦与房玄龄共掌朝政。每逢唐太宗召集讨论大事时，房玄龄就说："除了杜如晦，谁也筹划不出来。"杜如晦过来一商量，又往往是采纳房玄龄的策略。这样，房玄龄善于谋划，杜如晦善于决断，配合得很默契。

蒋干中计 指利用对方的计策，反过去向对方施计。三国时，曹操派蒋干到吴营探听虚实，周瑜将计就计，假造曹营水军重将蔡瑁、张允降吴书信，蒋干临夜偷回此信密报曹操。曹操杀了二将，正中周瑜之计。

草船借箭 即"草船借箭"。比喻运用智谋，凭借他人之力来达到自己的目的。赤壁之战时，周瑜限诸葛亮三天交出十万支箭。诸葛亮在船上立上许多草把，乘雾向曹营进发，擂鼓呐喊。曹兵不敢妄动，只顾射箭。船装满了箭如数交给周瑜。周瑜叹称："孔明真是神机妙算啊！"

百计迭出

锦囊妙计

韩信捉豹，
声东击西；
刘备招亲，
锦囊妙计。
攻其不备，
击其不意；
百计迭出，
无往不利。

探源释义

韩信捉豹，声东击西　刘邦在彭城被项羽杀得大败，本来归顺刘邦的魏王豹，又倒向项羽一边，刘邦派韩信去攻打魏王豹。韩信见蒲坂地势险要，又有重兵把守，他便声东击西，表面上要强渡黄河，暗地里却到夏阳偷渡。魏军那里没有防守，韩信一过河便把魏军打得大败，并活捉魏王豹。声东击西：军事上的一种策略。也形容言行变幻莫测。

刘备招亲，锦囊妙计　周瑜以替刘备说亲为幌子，想扣留他逼还荆州。诸葛亮一眼识破诡计，派赵云随刘备前往东吴。临行前给赵云三个锦囊，嘱咐依次打开，万无一失。赵云按嘱咐一个一个地打开锦囊，按计行事，刘备既娶了夫人，又安全离开了东吴。锦囊妙计：比喻能及时解救危机的好办法。

击其不意　趁对方不加防备的时候进行突然袭击。

精益求精

卞庄刺虎，

一举两得；

孙晟善射，

一箭双雕。

精益求精，

知机识窍；

门门有道，

推敲推敲。

一箭双雕

探源释义

卞庄刺虎，一举两得 春秋时鲁国勇士卞庄，敢同老虎搏斗。一天听说山上有两只老虎，就直奔而去。动身时，童仆劝他说："两只老虎正在争吃一头牛，力气小会被咬死，力气大也会被咬伤。你等会儿去最合适。"卞庄按童仆的提醒，刺死那只伤的，得了两只老虎。一举两得：指做一件事情得到两方面的好处。

孙晟善射，一箭双雕 北朝时北周武将孙晟（chéng），善于射箭。一次在草原上看见两只大雕在空中争夺一块肉，国王交给孙晟两支箭，孙晟只用一支就将两只雕射落下来。一箭双雕：比喻一举两得。雕：一种凶猛的鸟。

精益求精 已经很好，还要求更好。益：更加。

推敲推敲 比喻斟酌字句，反复琢磨。唐朝诗人贾岛，曾写诗句："鸟宿池边树，僧敲月下门。"其中的"敲"自认为不合适，改为"推"，认为也不合适，琢磨多次，去请大文学家韩愈定夺，韩愈说："还是用'敲'字好些。"

智能谣

熟能生巧

游刃有余

轮扁斫轮，

得心应手；

庖丁解牛，

游刃有余。

熟能生巧，

不差累黍；

手到拿来，

运用自如。

探源释义

轮扁斫轮，得心应手　春秋时，齐桓公正在堂上看书，堂下工匠轮扁与齐桓公对起话来。轮扁说："既然书上都是圣人说的话，而圣人已经死了，这不都是废话吗？"齐桓公发怒，命轮扁说出道理来。轮扁以斫（zhuó）轮作比，说："斫轮应不快不慢，得心应手，这道理我虽说不出，但都在其中。"得心应手：心里想怎么做，手里就能怎么做。形容心手相应，技艺纯熟。

庖丁解牛，游刃有余　战国时，一个厨师为梁惠王宰牛，顺着骨缝进刀，在缝隙中转动那薄薄的刀刃，练熟了手也很自如。庖丁解牛：比喻技艺纯熟神妙，运用轻松自如。庖（páo）：厨房。游刃有余：比喻技巧高超，做得轻而易举，应付自如。

不差累黍　比喻丝毫不差。累黍：古代计量单位。汉时十黍为累，十累为铢，二十四铢为两，十六两为斤。

胜出一筹

左赋三都,

洛阳纸贵;

轼撰一文,

出人头地。

独步一时,

无与伦比;

胜出一筹,

登峰造极。

洛阳纸贵

左赋三都,洛阳纸贵 晋朝文学家左思,小时候聪明,但读书不用心。懂事之后则非常发奋,学识渊博,文章写得特别好。他花十年时间,潜心研究,写出了《三都赋》。人们看了都争着传抄,一时洛阳城的纸都贵了起来。洛阳纸贵:形容著作广泛流传,风行一时。

轼撰一文,出人头地 宋朝著名文学家苏轼,二十岁时进京赴考。主考官欧阳修看到一篇《刑赏忠厚论》时,十分高兴。但欧阳修以为是他的学生曾巩的文章,便只取为第二名。后来得知是苏轼之作,欧阳修心里很惭愧,曾说:"读了苏轼的文章,不觉得汗出,痛快极了。我应当让路,放他一出头地吧。"出人头地:超出一般人,高人一等。

独步一时 在当朝当代独一无二,没有可以相比的。形容才能杰出。

胜出一筹 相比之下,胜出一个等次。筹:筹码,用竹木等制成的计数工具。

止于至善

天衣无缝

织女下凡，
天衣无缝；
姑嫂手谈，
奥妙无穷。
四清六活，
八面玲珑；
止于至善，
妙手天成。

探源释义

织女下凡，天衣无缝　传说有个书生郭翰，长得风流倜傥(tìtǎng)，月夜在树下乘凉，一位仙女从天上徐徐飘来，自称织女。一看，他身上的衣服看不见针线。问其原因，织女说："天衣本来就是一次织成，不是针线缝的。"天衣无缝：比喻事物周密完美，没有破绽。也比喻诗文浑然天成，没有补缀的痕迹。

姑嫂手谈　形容棋技异常高妙。唐朝时著名棋手王积薪，曾在一深溪人家借宿。夜深了，听见这家小姑对嫂子说："美好的夜晚，没有什么玩乐的，咱们下盘棋吧。"屋里没有灯火，姑嫂二人一人在东屋，一人在西屋，下起了盲棋。不一会儿，小姑说："你输了，我胜九秤。"第二天，王积薪请嫂子教棋，从此棋艺更精了。

四清六活　形容办事能干精灵。

止于至善　以达到最完善的境界为止。止：到……为止，达到。

才华横溢

横槊赋诗，

文德武功；

元方季方，

难弟难兄。

才华横溢，

超群出众；

人中骐骥，

水中蛟龙。

难兄难弟

探源释义

横槊赋诗　行军途中横执矛戈吟诵诗章。形容人能文能武的豪放潇洒风度。东汉末建安年间曹操父子在马背上横着长矛吟诗作文，他们的诗词慷慨悲壮，充满了哀怨离愁，远远超过古人。人们称为"建安风骨"。槊（shuò）：一种长矛。

文德武功　指治理国家和对外用兵都卓有成就。

元方季方，难弟难兄　东汉时，太丘县令陈寔有两个儿子，一个叫陈元方，一个叫陈季方。一次，陈元方的儿子长文和陈季方的儿子孝先，争着说自己父亲的功德更好，请爷爷陈寔评判，陈寔说："元方难为兄，季方难为弟。"难弟难兄：即"难兄难弟"。指兄弟们品德、才能都很优秀，难以分出高低上下。

人中骐骥　比喻才智过人的人。骐骥（qíjì）：骏马。

才智谣

文武并用

匹夫之勇

项王无谋，

匹夫之勇；

汤武取守，

文武并用。

武艺超群，

腾蛟起凤；

文章盖世，

笔力扛鼎。

探源释义

项王无谋，匹夫之勇 项羽在垓下之战中兵败，后来在乌江自刎而死，一代英雄从此结束了一生。刘邦登位后，宴请群臣时，要韩信说说他和项羽各自的特点。韩信说："项王虽然勇猛，却不懂计谋，只知匹夫之勇。而您大王知人善任，又将天下封给有功之士，大家都心悦诚服。"匹夫之勇：缺乏智谋而仅靠个人勇气。匹夫：指普通人。

汤武取守，文武并用 西汉时楚国人陆贾，一直伴随刘邦征战，刘邦称帝后，陆贾常在刘邦面前谈论《诗经》《尚书》，刘邦很不高兴，认为哪用得着这些《诗》《书》。陆贾说："商汤伐桀，周武伐纣，逆取而顺守，这样文治武功并用，才是使国家长治久安的好办法。"文武并用：既重视文治，又重视武功。

腾蛟起凤 像蛟龙腾空跃起，像凤凰振翅高飞。比喻才华横溢，意气风发。

笔力扛鼎 笔下所表现的力量足以举起千金之鼎。形容文笔气势很盛，写作才能很高。

能言善辩

张仪善辩，

滔滔不绝，

惠子善譬，

洋洋盈耳。

能言善辩，

口若悬河；

有声有色，

抑扬顿挫。

口若悬河

 探源释义

张仪善辩 战国时魏人张仪，善于辩论。他曾在楚王府里饮酒，被诬告偷了玉璧而打得遍体鳞伤。回家问妻子："你看我的舌头还在吗？"妻子说在，他便高兴地说："舌头在就够了。"后来，游说秦王连横六国，还受秦、魏二国相印。

惠子善譬 春秋时，梁王听说惠子（即惠施）善于打比方，想要他不打比方都不行。梁王对惠子说："你今后说话不要打比方。"惠子说："如果有人不知道'弹'是什么，你说弹的形状像把弓，却是用竹子做的弦，他不就明白了吗？用人们知道的东西，说明人们不知道的，就能使人们真正弄懂。"梁王被说服了。

洋洋盈耳 原指乐音优美，充满耳际。后形容说话或读书的声音悦耳动听。

口若悬河 形容能说善辩。晋朝时学问家郭象，一心钻研学问，不去做官，最后被朝廷召去，才做个黄门侍郎。可他在学问上却极有兴趣，一谈就是几个钟头。太尉王衍称赞说："听郭象说话，如悬河泻水，注而不竭。"

抑扬顿挫 高低起伏和停顿转折。形容诗文、声音富于变化，节奏鲜明。

才智谣

手巧心灵

鬼斧神工

曹冲称象，

聪明绝顶；

司马救童，

手巧心灵。

智珠在握，

谋如泉涌；

大匠运斤，

鬼斧神工。

探源释义

曹冲称象 曹操的小儿子曹冲，自幼聪明伶俐。五六岁时，孙权送来一只大象，曹操想知道到底有多重，但没有办法称。曹冲说："把象牵到船上，在船舷边标出吃水线，象下船后，把称过的东西装到船上，重量到了吃水线，就算出来大象的重量了。"曹操听了很高兴。

司马救童 汉朝史学家司马光，七岁就能勤奋读书。一次，有个孩子爬上一口大缸，不小心跌进缸中，被水淹没了。小孩爬不出来，情况很危急，其他小孩都吓跑了。司马光急中生智，拿起石头将缸砸破，水放出来，孩子也得救了。

智珠在握 比喻具有高深的智慧，并能应付任何事情。

大匠运斤 指技艺极为高超，精湛。也比喻行文娴熟，技巧高超。斤：斧。

鬼斧神工 形容技艺十分高超、精妙，不是人力能达到的。春秋时鲁国名匠梓庆，一次雕刻了一件木器，人们看了觉得简直是出于鬼神之手。鲁君问是怎么制作的，梓庆说："我在制作这件木器时，把所有的心血都凝聚在它上面。"

六、信 篇

　　就一个人的形象而言，"礼"是塑造这个形象的外表，是硬件；"信"是铸造这个形象的灵魂，是软件。仁义礼智构成了道德的主体，信从时间的角度检验这些道德主体的各个部分，审查它们的真实性与影响力，从而为构成人际关系的永久和谐提供保障。符合"信"的要求，就是真正的仁义礼智；不符合"信"的要求，就不是真正的仁义礼智。这样看来，"信"有一票否决权。

　　"信"同时也是一种道德内容。信德讲究的就是事真实可信，情诚实可信，言确凿可信，人操守可信。事真实可信是信德的根本。人们通过拭目倾耳的观察与调查获得真实可信的材料，根据真实可信的材料作出正确可靠的判断，再根据正确可靠的判断去脚踏实地办事，这样办一件事就能成一件事。

　　情诚实可信是信德的关键。事有真假之分，情也有诚伪之别。虚假的事加上虚假的情办不好事，这不用说；真实的事遇到虚假的情也办不好事，这也不奇怪。诚实可信有对己、对人、对事的细微分别，对己要正心诚意、真情实感，对人要开心见诚、推心置腹，对事则要达诚申信、精诚到底。一个内心不诚的人，永远没有信可言。儒家讲究诚意正心修身为本，不是没有道理的。由此看来，真和诚是信的两大基础，前者是信的客观基础，后者是信的主观基础，二者不可缺一。

　　言确凿可信是信德的本体。"信"这个字，就是"人"与"言"的合成，其本义是人的言语真实。言语是客观事物、主观心理的综合表露,客观事物是真实的,主观心理又是诚恳的,他吐出来的"言"便是可信的。我们主张心口如一、言行一致,做到了这些,才能言而有信。随着时间的推移,坚持到底,就是信守不渝了。

培养信德是一件极为艰巨的事。信德品质的培养,要在自我磨砺、自我警戒两个方面下工夫。信的最大特征是时间的考验。"疾风知劲草,路遥知马力",时间最能说明问题。我们每天都在干自己的工作,如果能做到既艰苦创业,又精心守成,既废寝忘餐,又劳而无怨,既孜孜以求,又迎难而上,你就称得上是一丛劲草了。

在培养信德的过程中,自我警戒的心理品质训练尤为重要。无论是创业,还是守成,时间都会是漫长的。在漫长的艰苦磨砺之中,多么需要清醒的头脑和顽强的品质来支撑。从正面说,要有跬步千里、贵在有恒的清醒认识;从侧面说,要有居安思危、防微杜渐的自觉警戒。有了这清醒的头脑和顽强的品质支撑,自我磨砺才能坚持到成功的尽头,才能演完"疾风劲草"的人生喜剧。

最后,对人生立志、立德、立功的奖赏,对信德的肯定,就是人的名望。人的名望,嘴喊不来,手抢不到,要依赖世人的赐予。历史上也有人嘴喊手抢得到了名望,但都只能昙花一现,充其量管到他在世之时,真正流芳百世的不朽之名,必然归于具有真德真功的人。

信实谣

拭目倾耳

毛空无知，

道听途说；

王商有识，

辟谣止讹。

拭目倾耳，

说一不二；

闻不如见，

洞若观火。

闻不如见

探源释义

毛空无知，道听途说　春秋时齐人毛空，喜欢盲目传播一些无根无据的话。一次，他对艾子说："有只鸭子一次下了一百个蛋。"艾子不信，他又改说是两只鸭子、三只鸭子、十只鸭子，艾子还是不信，说："那鸭子是谁家的？"毛空这才说："我是在路上听说的。"道听途说：指没有根据的传闻。

王商有识，辟谣止讹　西汉时，一年秋天，京城谣传洪水来了。左将军王商断定这是谣言，主张不要惊吓百姓。事后，确无洪水之事，王商受到平帝称赞和众臣尊敬。辟谣止讹：说明道理，驳斥谣言，阻止其传播。讹：é错误。

拭目倾耳　形容仔细看，仔细听。拭：擦。倾：斜，侧。

闻不如见　也作"百闻不如一见"。指亲眼看到才是真实可靠的。西汉著名将领赵充国73岁时奉命平定羌人叛乱，汉宣帝询问要带多少兵，他说："百闻不如一见，我要到实地察看才能提出作战方略。"宣帝答应了他的请求。

信实谣

返朴还淳

璞玉浑金

山宾卖牛，

返朴还淳；

山涛守廉，

璞玉浑金。

去粗取精，

去伪存真；

朴实无华，

写意开心。

探源释义

山宾卖牛，返朴还淳　南北朝时梁人明山宾，在平陆做官，正遇上灾荒。他打开官仓，放粮救济百姓，后来上司处罚他，将它住宅没收，他也不争辩。他家里生活困难，牵条牛到集市去卖。买主交了钱，他还诚恳地说："这牛生过蹄漏病，治愈很久了，不过以后还可能复发。"买主一听，要回钱不买了。隐士阮孝绪称赞说："明山宾足以使人返朴还淳了。"返朴还淳：也作"还淳返朴"，回复到人原来淳厚朴实的本性。

山涛守廉，璞玉浑金　西晋河内人山涛，做官能举贤任能，廉洁奉公。一次县令袁毅送来一百斤丝，为了不显示与众不同，山涛就不露声色地收了下来。把这丝层层封裹好，不准人动。后来袁毅贪污案查获，山涛将尘封的丝交了出来。王戎称赞说："山涛就像璞玉浑金一样！"璞玉浑金：没有经过琢磨的玉，没有经过提炼的金。比喻天然美质，未加修饰。

写意开心　即"开心写意"。敞开心扉，披露心意。写：通"泻"，宣泄。

信实谣

实事求是

刘德藏书，

实事求是；

处父有貌，

华而不实。

空言虚语，

分文不值；

有的放矢，

远见卓识。

实事求是

探源释义

刘德藏书，实事求是 西汉时景帝刘启的儿子刘德，喜欢藏书。他不惜重金，收藏各种先秦古书。他藏书不是为了摆样子，而是广泛阅读，从中得到教益。一次拜见汉武帝，谈论起学问道理，大臣们都称赞他"修学好古，实事求是"。实事求是：原指真诚地依据事实探求古书真义。后表示从实际情况出发正确对待和处理问题。

处父有貌，华而不实 春秋时晋国大夫阳处父，曾住过一家客店，店主见他相貌堂堂，举止不凡，认为他是一个道德高尚的人，于是辞别妻子，追随他上路了。可是一路上只听处父夸夸其谈，他便回到店中，对妻子说："看到处父的相貌，以为可以信赖，听了处父的言论，觉得非常讨厌，他是个华而不实的人。"华而不实：比喻外表华丽而内容空虚。

有的放矢 对准靶心射箭。比喻说话、办事有明确的目的性和针对性。

信实谣

脚踏实地

桃李不言,下自成蹊

温公修鉴,

脚踏实地;

文君当垆,

因事制宜。

量力而行,

量体裁衣;

桃李不言,

下自成蹊。

探源释义

温公修鉴,脚踏实地 北宋著名政治家、史学家司马光,任宰相时,曾主持编写了《资治通鉴》。为写这部书,他每天勤奋刻苦,查阅了千余本资料。著名哲学家邵雍称赞他的治学态度说:"你可真是个脚踏实地的人啊!"司马光死后,封温国公。脚踏实地:双脚站稳在地面上。比喻做事踏实。

文君当垆 也作"当垆卖酒"。比喻有学问的人做生意。西汉时临邛(qióng)人卓王孙,富甲一方。但女儿卓文君背着父亲与司马相如私奔了。两人逃到成都,一贫如洗,不好向父亲要钱,就回临邛卖了车马,买一间酒屋卖起酒来。卓王孙见司马相如才貌双全,才分了一部分钱财给他们。

桃李不言,下自成蹊 桃树、李树虽然不会向人打招呼,但其花艳丽动人,果实甘美,引人喜爱,树下自然会走出路来。比喻为人真执、忠诚,自然会有强烈的感应力而深得人心。也指注重事实,不尚虚声。西汉时,大将军李广功高如山,但不居功骄傲,广受尊敬。司马迁在《史记·李将军列传》中称赞道:"桃李不言,下自成蹊。"蹊(xī):小路。

诚意正心

杨坚待臣，

披肝沥胆；

公权隐谏，

正色敢言。

不轻然诺，

不尚空谈；

诚意正心，

天人共鉴。

披肝沥胆

 探源释义

杨坚待人，披肝沥胆　隋朝开国皇帝隋文帝杨坚，很信任李德林，遇事都与他商量。但这时仍有人对皇帝心存异志。李德林就写了一篇《天命论》的文章赞扬杨坚说："文帝待人披肝沥胆。"局势才渐渐稳定了下来。披肝沥胆：比喻尽忠竭诚或坦诚相见。沥：往下滴。

公权隐谏　唐朝时大书法家柳公权，书法刚直劲瘦，唐穆宗十分喜爱，任命他为右拾遗侍书学士。一次，穆公问柳公权为什么字写得这样好，他回答说："用笔在心，心正则笔正，笔正才可以学习。"穆宗领会到他是隐谏，脸都变了色。从此不再沉湎于玩乐，亲理朝政了。

不轻然诺　不轻易许诺。表示为人严肃认真，一旦许诺，定守信用。

天人共鉴　上天和世人都可以共同鉴察。形容诚实无欺，无一丝虚假。

诚信谣

真情实感

班荆道故

伍声重逢，

班荆道故；

刘秀收降，

推心置腹。

惓惓之忱，

款款之愚；

真情实感，

老而弥笃。

探源释义

伍声重逢,班荆道故　春秋时楚国大夫伍举,与蔡国大夫声子是好友,后来因岳父获罪而受到牵连,被迫逃到郑国。在郑国都城的郊外,恰巧遇见声子,两人异国相逢,分外亲切,就折下荆条铺在地上,相对而坐,谈起往事来。在声子帮助下,伍举重新回到了楚国。班荆道故:指老友相逢,共叙旧情。班:铺开。

刘秀收降,推心置腹　刘秀在讨伐王莽时,收复了铜马起义军。但投降过来的起义军将士仍有些疑虑,担心刘秀会报复他们。刘秀看出了这点,便一个营帐一个营帐去看望安抚,这些将士被感动了,说:"萧王(指刘秀)把他的赤心放到我们的肚子里来了,我们哪里还不忠实于他呢?"推心置腹:形容真诚待人。

惓惓之忱　深挚关切的情意。惓惓(quánquán):恳切的样子。

款款之愚　见解虽不怎么高明,却是真心诚意的。款款:诚恳的样子。

老而弥笃　年纪越大,对某种事物的感情越深。笃(dǔ):专一。

开诚布公

孔明理政，

开诚布公；

桓伊赏乐，

一往深情。

推诚相见，

相须而行；

眷眷怀顾，

拳拳服膺。

开诚布公

探源释义

孔明理政，开诚布公 诸葛亮由于马谡(sù)失街亭，主动承担指挥不当的责任，自降三级，贬为右将军。他还主动要求下属给他指出缺点和错误。《三国志》作者陈寿评价诸葛亮说："开诚心，布公道。"开诚布公：敞开胸怀，显示诚意，公正无私地发表见解。指态度诚恳、坦率。

桓伊赏乐，一往深情 东晋时著名将领桓伊，在淝水之战中立了大功，被命为江州刺史。他爱好音乐，善吹笛，会作曲，传说名曲《梅花三弄》最初就是他谱的。他每听到优美的歌声，就击节赞叹，宰相谢安说："桓公对音乐真是一往情深啊！"一往深情：也作"一往情深"，对人或事物一心向往，且感情深厚。

相须而行 互相依靠而行事。表示谁也离不开谁。须：依靠。

眷眷怀顾 眷恋不忘，难以忘怀。眷眷，眷恋，依恋。

拳拳服膺 诚恳信服，牢记在心。拳拳：诚恳的样子。膺：胸。

诚信谣

达诚申信

精诚所至,金石为开

太尉出征,

计日可待;

精诚所至,

金石为开。

达诚申信,

你怜我爱;

人情世态,

无所不在。

探源释义

太尉出征,计日可待　三国时魏明帝曹叡(ruì),派太尉司马懿(yì)出征辽东。迢迢4000里,明帝知道此战艰难,与司马懿商定,时间一年,给兵四万,粮草充足。但司马懿出征遇雨阻隔,朝中有人主张召回兵马,明帝认为兵多粮足,司马懿又足智多谋,获胜计日可待。果然,司马懿如期平定了辽东。计日可待:等待的时间可以按日计算。形容为期不远。

精诚所至,金石为开　真心诚意所达到的地方,金石一样的东西也会被打开。比喻真诚所产生的感动力极大。西汉名将李广,一次到冥山打猎,发现草丛中伏着一只老虎,他马上张弓搭箭,全神贯注猛力射去。但那只老虎丝毫不动,走近一看原来是块大石头,那箭已深深射入石头中。有人问学者扬雄为什么会这样,扬雄说:"精诚所至,金石为开。"

达诚申信　表达真诚,说明实情。表达诚实真挚之情。

守信谣

心口如一

庄公质人，

言不由衷；

元方卖宅，

出言吐诚。

心口如一，

表里相应；

情见乎辞，

言为心声。

言不由衷

探源释义

庄公质人，言不由衷 春秋时郑庄公，是周朝卿士，但言而无信。周平王想让虢（guó）公忌父代替他掌管朝政，郑庄公知道后非常不满。平王有些害怕，就与庄公互换人质。但不久庄公还是派兵到周地抢掠大量粮食。当时史官评论说："言不由衷，质无益也。"言不由衷：说的话不是出自内心。指心口不一致。衷：也作"中"，内心。

元方卖宅 比喻实事求是，真情相告。陆元方曾经在洛阳卖过一所住宅，家人在接受房钱时，买房子的人要求见见房主。见面时，元方告诉他："房子是好房，只是没有打井的地方。"买房人听了这话就不买了。家里人怪罪元方，元方说："不这样讲，就欺骗人了。"

情见乎辞 思想感情从文辞中显现出来。见（xiàn）：同"现"，显现。辞：也作"词"。

守信谣

言行一致

曾参重信，

杀彘教子；

叶公好龙，

过甚其词。

坐言起行，

言行一致；

尊闻行知，

指天誓日

叶公好龙

探源释义

曾参重信，杀彘教子　曾参很重视以诚信教育下一代。一天，曾参的妻子到集市去，孩子也吵着要去，曾妻一时说服不了孩子，就哄着说："你们乖乖地在家里玩，我回来杀猪吃。"曾妻回来后，曾参真的去捉猪杀，曾妻说我是哄着玩的，曾参一本正经地说："现在欺骗了孩子，就是教孩子下次欺骗你了。"夫妻俩果真把猪杀了。杀彘教子：也作"杀猪示信"，表示用诚信教育子女。彘（zhì）：猪。

叶公好龙　比喻表面上赞赏，实际上并不爱好。春秋时楚国贵族子高，封于叶地，世称叶公。他喜欢龙，家里器具上都刻上龙。传说有一天，天龙真的下来了，叶公一见吓得六神无主，转身就跑。后人评论说："叶公并不是真的好龙，好的只是外表像龙而实际并不是龙的东西罢了。"

过甚其词　指话说得过分，与实际情况不符。

尊闻行知　重视听到的意见，实行已懂的道理。

守信谣

言而有信

商鞅变法，
立木南门；
季布一诺，
价值千金。
好汉一言，
不易之论；
言而有信，
信以为本。

一诺千金

探源释义

商鞅变法，立木南门　商鞅（yāng）实行变法时，为了取得民众的信任，曾在国都南门处立了一根三丈高的木柱，告示天下，谁能将此柱搬到北门，赏十金。一时没有人去搬，又宣布赏三十金；仍无人搬，又改赏五十金。有个胆大的人搬了，商鞅果然赏五十金。从此人们认为商鞅守信，变法也就成功了。立木南门：比喻言而有信，才能取信于民。

季布一诺，价值千金　秦朝末年楚人季布，说话做事都讲信用。当时流传一句话："得黄金百两，不如得季布一诺。"季布开头在项羽军中，多次帮项羽打败过刘邦，刘邦曾悬赏捉拿季布，经人劝说才赦免了。后来还让他做郎中官、河东守。季布一诺：形容说话算数，极有信用。

不易之论　不可改变的言论。易：更改。

守信谣

信守不渝

出尔反尔

确不可易，

剑挂冢树；

出尔反尔，

厉王击鼓。

抱柱之信，

信守不渝；

一以贯之，

石烂海枯。

探源释义

剑挂冢树 比喻守诺重信，始终不渝。春秋时吴国公子季札，出使晋国时路过徐国，拜见了徐君。徐君很喜欢季札的宝剑，但季札出使晋国剑不能离身，而返回时听说徐君死了，他将剑赠送给徐国的继承者，他们不肯收，季札便将剑挂在徐君墓前的树上，才离开徐国。冢（zhǒng）：坟墓。

出尔反尔 原意为你怎样对待别人，别人就怎样对待你。后指说话不算数或做事不认账。尔：你。

厉王击鼓 比喻失信会带来恶果。楚国厉王曾通令，遇有危急就击鼓为令，以通知老百姓来防守。一次厉王喝醉了酒，误把鼓咚咚地敲了起来，老百姓赶来却未见敌情，只得悻悻离去。后来真的有了紧急情况，厉王命人击鼓，老百姓再也不去救援了。

抱柱之信 表示信守不渝的信约。《庄子·盗跖（zhí）》中有"抱梁柱而死"一句。讲一位青年尾生，与女友相约到桥下会面，女友没有践约，洪水来了，他仍然守信不走，抱着桥柱而被淹死。

一以贯之 指一种思想或理论贯穿始终。表示始终如此，前后一致。

创业维艰

楚君启山，

筚路蓝缕；

冯异平关，

披荆斩棘。

创业维艰，

守成不易；

蔓蔓日茂，

勃勃生机。

披荆斩棘

 **探源释义**

楚君启山，筚路蓝缕　春秋时，楚国攻打郑国，郑国请晋国援救。晋军来到郑地时，楚军已经班师。晋军中有人主张追击，副帅栾书却反对说："楚国从前几任君主，坐着柴车，穿着破旧的衣服，亲自开发山林、荒地，告诫臣民艰苦创业。"但一些将领不听栾书的话，硬要追击楚军，结果被打得大败。筚(bì)路蓝缕：形容创业的艰难。筚路：柴车。蓝缕：破旧衣服。

冯异平关，披荆斩棘　刘秀部下主簿冯异，跟随刘秀东征西战，立下许多功劳。每次论功行赏，冯异总把功劳归于别人。部队到饶阳时，饥寒交迫，冯异派人煮豆粥，让将士暖身；在南宫遇雨，冯异派人拾柴煮饭，刘秀赞赏冯异，说他"为我披荆棘，定关中。"披荆斩棘：比喻开创事业或清除障碍，艰苦奋斗。荆、棘：指山野丛生的带刺小灌木。

蔓蔓日茂　逐渐生长，日益茂盛。蔓蔓：逐渐滋长的样子。

聚信谣

天道酬勤

废寝忘餐

孔子授徒，
忘餐废寝；
李纲效国，
筋疲力尽。
劳而无怨，
天不绝人；
劳苦功高，
天道酬勤。

探源释义

孔子授徒，忘餐废寝 孔子六十四岁时，到了楚国叶邑。叶邑大夫沈诸梁(字,子高)知道孔子很有威望，准备热情招待，但不知孔子性格如何，就先到孔子学生子路那儿打听，子路一时找不出合适的话来说，当时没有做声。过后问孔子，孔子说："为什么不说我是个学而不厌、废寝忘餐的人呢？"忘餐废寝：即"废寝忘餐"，形容工作或学习专心致志，勤奋刻苦。

李纲效国，筋疲力尽 北宋末年，金兵入侵，大臣李纲劝皇帝全力抵抗。但皇帝听信谗言，一会儿重用李纲，一会儿又不信任，使李纲一波三折，无法施展才能。李纲写了一首《病牛诗》，以病牛自喻，说牛辛勤耕耘，力尽筋疲，即使累得爬不起来也心甘情愿。筋疲力尽：也作"力尽筋疲"。形容十分疲乏、劳累。

天道酬勤 上天一定会酬报勤奋的人。指勤奋的人必定会有所成就。

孜孜以求

周公辅政，

夜以继日；

高祖理朝，

日不暇给

冥冥之志，

朝乾夕惕；

孜孜以求，

前赴后继。

目不暇给

 探源释义

　　周公辅政，夜以继日　周公旦曾为长兄姬发灭商战争出了很大的力，周朝建立后又辅佐武王理政，年幼成王即位，还继续辅政，真是呕心沥血，忠心耿耿。周公总是思考治理国家的最好办法，白天没想好就晚上想，有时竟一连几个晚上都不睡觉，直到有了好办法为止。夜以继日：形容日夜不停地工作。

　　高祖理朝，日不暇给　汉高祖刘邦建立汉朝后，百废待举，日理万机，命萧何修理典章，叫韩信重整礼法，令张苍改定律条，选陆贾著写《新语》，后来班固的《汉书》中称汉高祖是"虽日不暇给，规模宏远矣。"日不暇给：形容事务繁忙，时间不够用。暇（xiá）：空闲。给（jǐ）：足，够。

　　冥冥之志　形容专心致志。冥冥：专默精诚。

　　朝乾夕惕　形容从早到晚勤奋谨慎，兢兢业业，不敢懈怠。乾：自强不息。惕：小心谨慎。

　　孜孜以求　勤奋不懈地追求。孜孜（zīzī）：勤奋的样子。

聚信谣

迎难而上

愚公移山

精卫填海，

愚公移山；

孔席不暖，

墨突不黔。

倍道而进，

一马当先；

迎难而上，

只手擎天。

探源释义

精卫填海　比喻不畏艰难，奋斗不懈。传说远古时代，炎帝小女儿女娃（wā）在东海淹死，为使后人不受东海之害，她变成一只精卫鸟，每天从西山衔着树枝、石子，填到东海去，一年又一年，从来没有停止过。

愚公移山　比喻知难而进，做事有坚定不移的精神和毅力。传说愚公年近九十，因太行、王屋二山阻挡了他家的出路，决心把它搬走。智叟嘲笑他，愚公却说："即使我死了，还有儿子、孙子，山并不会加高，怎么挖不平呢？"他每天挖山不止，终于移走了两座大山。

孔席不暖，墨突不黔　也作"孔席墨突"。形容繁忙，四处奔波。孔子和墨子曾四处奔走游说，几乎每到一地，席子还未坐暖，烟囱还未烧黑，就又离去。突：烟囱。黔（qián）：黑色。

只手擎天　一只手就可以把天举起。形容本领很大。擎（qíng）：举。

跬步千里

张仪说魏,

积羽沉舟;

荀子劝学,

金石可镂。

聚沙成塔,

集腋成裘;

跬步千里,

顽石点头。

积羽沉舟

 探源释义

张仪说魏,积羽沉舟 张仪任秦相时,发现其他六国合纵对秦是巨大的威胁,他便辞去相位,去魏国说服魏王退出合纵。张仪指出魏国的危机,用积羽沉舟、群轻折轴的比喻说服了魏王,并担任了魏国的相国。积羽沉舟:羽毛虽轻,但堆积多了也会把船压沉。比喻细小的东西汇集起来可以形成巨大的力量。

荀子劝学,金石可镂 战国时思想家、教育家荀子,他的弟子很多,著名的就有韩非、李斯。荀子是儒家学派代表人物,主张崇孔颂礼。在《劝学》中指出:"锲(qiè)而舍之,朽木不折;锲而不舍,金石可镂(lòu)。"金石可镂:只要用刀一直刻下去,就是金属石头也能刻成花纹。比喻坚持不懈,什么事都能成功。

集腋成裘 许多块狐狸腋下的皮毛聚集起来,就能缝成一件皮衣。比喻积少成多。裘(qiú):毛皮的衣服。

跬步千里 虽然走得不快,只要不停顿,也能远行千里。比喻只要不懈努力,也能成功。荀子《劝学》中说:"不积跬步,无以至千里。"跬(kuǐ):半步。

恒信谣

贵在有恒

磨杵成针

扬雄研学，
怀铅握椠；
维翰登科，
铁砚磨穿。
磨杵成针，
掘井及泉；
贵在有恒，
岁岁年年。

探源释义

扬雄研学，怀铅握椠　西汉时学者扬雄，通晓各种古文奇字，汉成帝命他为郎官，他向成帝请求道："我愿三年不拿俸禄，请允我到藏书楼钻研学问，整理典籍。"成帝答应了，仍照发俸禄。扬雄研究典籍之余，常常揣着石墨，拿着木片，采访各地来的人员，收集方言俚语，前后竟坚持 30 年，终于写成我国历史上第一部方言词典《方言》。怀铅握椠：经常带着书写工具，以备随时记述。铅：石墨笔。椠（qiàn）：古代记事用的木片。

维翰登科，铁砚磨穿　五代时洛阳人桑维翰，立志求取功名。但参加进士考试却落榜了。有人劝他投靠权贵去谋求官职，桑维翰很气愤。他回家后铸了一方铁砚，对人说："等到这铁砚磨穿用坏，要是再考不上进士，我才改换门路。"果然，桑维翰努力不懈，终于考上了进士。

磨杵成针　比喻有毅力，下工夫，任何事情都可成功。传说唐朝大诗人李白，少年时在象耳山中读书，由于没有耐心，辍学离去，走到溪边，见一位老太太在磨铁杵，一问，才知道是磨针。李白很受感动，又回到山上，完成了学业。

恒信谣

居安思危

赵良劝鞅，

危如朝露；

荀息喻国，

危如累卵。

居安思危，

治不忘乱；

化险为夷，

转危为安。

危如累卵

探源释义

  赵良劝鞅，危如朝露　商鞅变法十年，秦国治理得井井有条，但当时权贵势力强大，商鞅执法如山，也引起了许多贵族大臣的不满。赵良看出了这一点，规劝商鞅说："对于贵族大臣你执法太苛，这样结怨太多，危如朝露。"商鞅听了不以为然。结果，惠文王即位，就杀了商鞅。危如朝露：危险得像早晨的露水一样，阳光一照，立即就会消失。形容濒临灭亡，十分危险。

  荀息喻国，危如累卵　春秋时，晋灵公为了享受，用大批的钱来建造九层琼台，而且不准任何人规劝。大臣荀息冒死求见。荀息未直接劝谏，而是来做累卵游戏。晋灵公注目以视，荀息先垒十二颗棋子，又加上九个鸡蛋，晋灵公大叫"危险"，荀息乘机说："这比建造九级琼台的危险小多了。"晋灵公这才恍然大悟，不再去造那琼台了。危如累卵：比喻危险之至。

  治不忘乱　在太平的时候不忘可能出现的动乱。治：安定，太平。

  化险为夷　化险阻为平坦，或化危险为平安。夷：平坦，平安。

恒信谣

防微杜渐

防微杜渐

韩非高论，

蚁穴溃堤；

孔融终言，

猿穴坏山。

一着不慎，

必输全盘；

防微杜渐，

防患未然。

探源释义

韩非高论，蚁穴溃堤　战国时著名思想家韩非，爱好刑名法术之学。他说："千里之堤，溃于蚁穴。"事实正是如此。白蚁危害性很大，魏国宰相白圭修筑堤防，就遵循这个道理，不放过一个小洞，堤防筑得很坚固。蚁穴溃堤：比喻因为细微不慎而酿成大祸。

孔融终言，猿穴坏山　三国时魏国学者孔融，在他的著作《临终》中说："河溃蚁孔端，山坏由猿穴。"猿习惯于在山间凿洞而居，猿群打洞能够使山崩塌。猿穴坏山：比喻因疏忽小事而酿成大祸。

防微杜渐　在错误或坏事刚露出苗头时就加以制止，不使其发展。东汉和帝在位时，窦太后及其兄弟专权，大臣丁鸿非常担忧。一次日食过后，他借机上书皇帝，指出窦氏专权罪状与危害。和帝在窦氏专权刚刚形成之时动手，终未造成大祸。渐：事物发展，加剧。

名副其实

齐威纳谏，

门庭若市；

王修尽职，

名副其实。

廉士重名，

贤士尚志；

实至名归，

驰名于世。

门庭若市

探源释义

齐威纳谏，门庭若市　战国时，齐威王即位后只顾玩乐，不理朝政。相国邹忌决心去劝谏。他以自己与城北徐公比美，听候妻、妾、朋友评议，由于妻子偏袒、妾敬畏、朋友有求的缘故，都称他美于徐公。威王听后知道了听谏的好处，于是广告天下，进谏有赏，一时进谏的人涌来，门前比集市还热闹。门庭若市：形容来往进出的人很多，非常热闹。

王修尽职，名副其实　东汉末期，王修在曹操门下任魏郡太守。他忠实执行曹操的法令，曹操出征，他就积极筹备粮草；严才叛乱，他就赶去解围。对此，曹操很是感激，在《与王修书》中称赞王修说："为世美谈，名符其实，过人甚远。"名副其实：也作"名符其实"，名声或名称与实际相符。

廉士重名　讲究廉洁的人特别爱护自己的名声。

实至名归　有了实际的成就，声誉自然会随之而来。

立信谣

美誉休声

周情孔思，

遗泽遗风；

杜诗韩笔，

美誉休声。

不鸣则已，

一鸣惊人；

人中佼佼，

铁中铮铮。

一鸣惊人

探源释义

周情孔思 周公和孔子的思想感情。形容人和诗文具有高尚的情操与深邃的思想。周公旦是西周初年杰出的政治家，孔子是春秋末期伟大的思想家，他们都被后人尊称为"圣人"。唐朝诗人王贞白在《白鹿洞二首》之一中写道："读书不觉已春深，一寸光阴一寸金，不是道人来引笑，周情孔思正追寻。"

遗泽遗风 即"遗风遗泽"。先人遗留下来的教化德泽。

杜诗韩笔 指诗文中的大手笔。杜甫是唐朝伟大诗人，韩愈是唐朝著名文学家，唐宋古文运动的旗手。唐朝著名诗人杜牧在《读韩杜集》中写道："杜诗韩笔愁来读，似倩麻姑痒处搔。天外凤凰谁得髓？无人解合续弦胶。"用神仙麻姑搔痒时的痛快感觉，赞扬了他们的诗文脍炙人口。

不鸣则已，一鸣惊人 比喻平素并不突出，一下子就做出了惊人之举。齐威王时，大臣淳于髡（kūn）以鸟为喻，劝谏威王在朝政上敢于作为。他说："齐国有一种鸟，不飞则已，一飞冲天；不鸣则已，一鸣惊人。"威王明白其意后，振作起来，齐国再次走向强盛。

立信谣

千金难买

名高麟阁，

肃然起敬；

功显云台，

引以为荣。

凤毛麟角，

名价日重；

千金难买，

万世之名。

凤毛麟角

探源释义

名高麟阁 西汉时，从高祖建朝到文景之治、武帝扩疆，有一大批文臣武将，为刘汉王朝的建立与巩固，为社会的长治久安和繁荣昌盛，做出了巨大贡献。汉宣帝命画师将霍光等有功之臣的肖像画在麒麟阁上，写下姓名、官爵，让后人瞻仰、怀念。

功显云台 东汉时，光武帝刘秀带领一大批文武将相东征西战，剿灭叛乱，安定百姓，发展生产，使汉朝中兴。汉明帝命画师将邓禹等二十八位中兴名臣的像画在南宫云台上，同样写上姓名、官爵，以资彰显。

凤毛麟角 比喻罕见而珍贵的人或事物。南北朝时宋代诗人谢灵运，他的儿子谢超宗也极有才能。新安王的母亲去世，谢超宗撰写了悼词，孝武帝读后大加赞扬说："谢超宗真是有凤毛啊。"右卫将军刘道隆以为真有凤凰的毛，便要谢超宗给他看看，谢超宗说："凤毛、麟角是比喻珍贵的宝物，不是实物呀。"

立信谣

流芳百世

一字千金

吕氏悬书，

一字千金；

子昂碎琴，

一举成名。

流芳百世，

北辰星拱；

千古不朽，

万古长青。

探源释义

吕氏悬书，一字千金 战国时秦相吕不韦，是商人出身。为了提高自己的声望，他召集门客商量，决定编纂一部《吕氏春秋》。书写成后，吕不韦命人将书抄写出来，悬挂在墙上，还告知大众说："谁能把书中的文字增加一个，或减少一个、改动一个，都奖励一千金。"一字千金：形容诗文的价值极高，或文辞极其精妙。

子昂碎琴 唐朝诗人陈子昂，开始仕途不顺。诗文更无人赏识。一次来到京城，遇到一个卖琴的人，开价百万，他用车子载钱买下这把琴。大家围过来问他何以如此，他约第二天演奏。第二天，来人很多，他却不演奏，说："我有文百轴，不为人知，这弹琴是微贱的，哪值得留心？"他当场把琴摔碎了，将自己的文章赠送众人。一天之内，陈子昂名震京师。

北辰星拱 群星围绕着北极星。比喻德高望重受到民众拥戴。辰：星。